숲을 읽는 사람

숲을 읽는 사람

허태임

식물분류학자가 채집한
초록의 목소리

마음산책

숲을 읽는 사람
식물분류학자가 채집한 초록의 목소리

1판 1쇄 인쇄	2025년 4월 1일
1판 1쇄 발행	2025년 4월 5일

지은이	허태임
펴낸이	정은숙
펴낸곳	마음산책

담당 편집	이동근
담당 디자인	한우리
담당 마케팅	권혁준·최예린
경영지원	박지혜

등록	2000년 7월 28일(제2000-000237호)
주소	(우 04043) 서울시 마포구 잔다리로3안길 20
전화	대표 | 362-1452 편집 | 362-1451 팩스 | 362-1455
홈페이지	www.maumsan.com
블로그	blog.naver.com/maumsanchaek
트위터	twitter.com/maumsanchaek
페이스북	facebook.com/maumsan
인스타그램	instagram.com/maumsanchaek
전자우편	maum@maumsan.com

ISBN	978-89-6090-927-4 03810

* 책값은 뒤표지에 있습니다.

길이 없는 곳에 사는 식물들을 찾아가기 위해
길을 만드는 게 나의 일이니까.

들어가며

아버지는 내가 다닌 시골 중학교의 행정실 직원이었다. 사람들은 그이를 소사라고 불렀다. 책걸상이 삐걱거리거나 하수구가 막히거나 나뭇가지가 축 처지기라도 하면 학교에서는 그이를 찾았다. 그이의 호칭과 업무가 뭐든 간에, 나는 아버지가 있어 마냥 행복했다. 구식 세단을 몰며 주말이면 언니와 동생과 나를 여기저기 데리고 다니면서 잘 놀아주었으니까. 우리를 사랑하고 있다는 게 느껴졌으니까. 그런데 이상하게도 아버지의 눈은 자주 슬퍼 보였다. 엄마를 바라볼 때 더욱 그랬다. 아버지는 내가 스무 살을 갓 넘겼을 때, 더 이상 슬퍼지기 싫다고 선언했다. 가족만이 아니라 더 많은 이를 위해 살고 싶다 했다. 어딘가에 온전히 귀의하고 싶다 했다. 머리를 깎겠다고 했다. 당신의 가족과 당신이 집 안 곳곳에서 살뜰히 가꾸던 그 많던 식물을 뒤로한 채 큰 산 아래 어느 작은 암자로 들어갔다.
 그 무렵 엄마는 유방암 판정을 받았다. 누구 때문에 가슴에 못이 박혀 얻은 병이라고, 엄마는 가슴 한쪽을 도려내는 수술을 앞두고 보호자 동의 서명을 하던 내게 말했다. 모성애 강한 엄마는 암에서 벗어났지만 돌이켜보면 내가 지나온 시간은 슬펐던 순간이 그렇지 않은 때보다 많았다. 나 혼자 숨어 울어야 했던 많은 날 속에서 식물은 나를 구했다. 식물을 탐색하고 그들의 생애를 추적하면서 내가 또렷하게 알게 된 건 소중한 것을 지키려는 본능적인 사랑이다.
 어린 시절 내 주변에는 마을 어귀 팽나무와 길 위에 돋은 수수한 풀과 가야산의 초목이 있었다. 그러한 환경에서 나를 낳아 길러준 부모님이 있었다. 식물을 들여다볼 때마다 나는 사랑의 끈 같은 것을 생각한다. 서로를 잇고 있는 끈을. 겨우내 눈 속에 묻혔던 씨앗은 다음 봄이 오면 되도록 좋은 유전자를 고루 섞은 새로운 싹으로 피어난다. 그 싹은 군락을 키우고 영토를 넓히는 방식으로 힘을 보태 세대를 잇는다.
 자연을 고스란히 옮겨 적기에 내 능력은 턱없이 모자라다는 걸 안다. 다만 목격한 대로 진솔하게 썼고 식물의 말을 정확하게 듣고 전하려고 노력했다. 내가 쓴 음운

과 음절과 문장이 어느 한 생명체에게도 누가 되지 않았으면 한다.

　　겨울을 통과한 누구에게나 봄은 찾아온다. 아름다운 봄을 모쪼록 모두가 누렸으면 좋겠다. 봄은 길지 않으니까. 내 작은 책이 누군가의 창가에서 오래 봄볕을 쬐어도 좋겠다.

2025년 춘분과 청명 사이

춘양春陽에서

허태임

목차

들어가며 7

그 캄캄한 숲의 밤

미래의 숲을 만드는 어떤 꿈 17
꾸미려 애쓰지 말라 24
숲속의 위험하고 무서운 것들 33
너도밤나무의 멋진 발등 41
길이 없는 곳에서 길을 만드는 일 51
고지를 물들이는 오묘한 매력 57
식물의 말을 사람의 언어로 옮기는 직업 63

함께여서 가능한

내가 아는 어느 동물학자 71
고양이가 사랑한 식물 78
봉화 숲해설가협회 84
고요한 숲의 공명 89
호야와 두봉 주교님 99
구름 꽃 피우는 자기 보호의 귀재 113
느리지만 오래 걸을 줄 아는 발목에 대하여 122

한여름 산정에서 한들대는 바람꽃 128
나와 팽나무를 연결해주는 59번 국도를 따라서 134
토끼풀을 위한 호소 143
세상의 모든 것을 담는 시드볼트 148

계절의 경계에 서서

늦여름에 물들어 159
가을을 알리는 붉나무 165
나무의 안위와 풀잎의 안부 174
겨우살이의 생존법 180
꽃이 피지 않아도 나는 두근거린다 189
박주가리의 디아스포라 197
짝사랑도 병인 양하여 207

일러두기

1. 도서명은 『 』로, 칼럼·곡·편명은 「 」로, 프로그램·신문·잡지명은 〈 〉로 표기했다.
2. 별도의 출처를 적지 않은 사진은 모두 저자가 촬영한 것이다.

나무는 잎을 모조리 잃고서야
진짜 수형을 드러낼 테지.
나목은 무장도, 꾸밈도, 감춤도 없을 테지.
그러니 나목은 제 것이 아닌 걸
더 선명하게 드러내는 것이겠지.

그 캄캄한 숲의 밤

미래의 숲을 만드는 어떤 꿈

2014년 봄이었던가. 한 다큐멘터리 감독이 DMZ자생식물원으로 날 찾아온 적이 있다. 그는 이 소설 속 주인공이 혹시 당신 아니냐며 내게 물었다. 그의 손에는 2010년에 나온 김훈의 장편소설 『내 젊은 날의 숲』이 들려 있었다.

"정말 이곳이 실제로 있어서 너무 놀랐어요. 김훈 작가님이 국립수목원 홍보대사로 활동하던 시절에 비무장지대의 수목원을 상상하며 소설을 쓰셨다고 들었는데······."

다소 상기된 표정으로 그가 내게 책을 건네기 전까지 나는 그 소설의 내용을 알지 못했다.

그에게 받은 책을 식물원 초입의 호랑버들 아래에서 단번에 읽었다. 고개를 젖혀 나무를 올려다보며 소설이 꼭 이 호랑버들 같네, 생각했다. 소설은 민간인통제선

안 국립수목원에 비정규직 식물세밀화가로 채용된 여주인공이 사계절을 보내는 과정을 보여준다. 주인공의 아버지와 어머니, 수목원 연구실장 안요한, 소대장 김민수 중위, 이렇게 다소 단출한 등장인물 설정이 내게는 마치 곧게 자란 나무의 외형처럼 단단해 보였다. 반면에 그들 사이의 관계와 얽힌 감정을 묘사하는 섬세한 문장을 읽을 때는 켜켜이 쌓인 나무의 내부, 나이테를 관찰하는 것만 같았다. 들여다보는 각도와 거리에 따라 때로는 느슨했다가 촘촘했다가 끈질기다가 처절하기도 한, 관다발이 이룩한 단면들 같은 것. 특히 사람과 사람, 사람과 자연이 서로에게 스며드는 장면은 막 틔운 나무의 꽃눈처럼 환했고 지독하게 아름다웠다.

    나는 식물분류학을 전공했고 지금은 경북 봉화에 있는 국립백두대간수목원에서 일한다. 백두대간의 식물을 탐사하고 그곳에서 사라질 위기에 놓인 희귀식물에 대한 보전 연구와 훼손된 숲을 되살리는 복원 업무를 담당한다. 이곳에 오기 전에 있었던 곳이 강원도 양구의 민간인통제선 이북 지역에 위치한 국립수목원의 분원, DMZ자생식물원이다. 비무장지대에서 이 식물원의 연구원으로 10년의 절반을 살았다.

    소설 속 여주인공은 정말이지 그때의 나와 너무 닮

았다. 유일한 여직원, 이십대 비정규직, 선천적 내향인, 군인과의 교류, 식물 곁에서 보낸 나날들, 결국은 거길 떠나야 했던 것까지.

"하지만 제가 식물세밀화가는 아니라서요……."

그가 나를 좀 찍어도 되느냐고 묻길래 나는 당황하면서 쭈뼛거렸다. 비무장지대의 훼손되지 않은 생태를 기록하는 중인데 얼마간 따라다니며 내가 일하는 모습을 담고 싶다는 거였다. 업무에 방해가 되지 않도록 하겠다는 다짐도 덧붙였다. 마침 개원을 앞두고 식물원이 완성되어가는 과정을 영상으로 남기라는 상부의 지시가 있던 참이라 나도 그의 도움이 필요했다. 그렇게 비무장지대에서 감독과 나의 동행이 성사되었다.

강원도 고성에서 경기도 파주의 임진강까지 비무장지대의 동단과 서단을 오가며 그 안에 어떤 종류의 식물이 사는지 일일이 밝히는 나의 길에 감독이 들어오니 어쩐지 전보다 덜 외로웠다. 그 첫 번째 이유는 지극히 원초적인, 화장실이었다. 비무장지대는 정원 20명 내외의 병사들로 이루어진 소대가 저마다의 구역을 관할한다. 당시만 해도 각 소대 어디서도 여군을 찾아볼 수가 없었고 그래서 당연하게도 여자 화장실이 없었다. 식물 탐사 중에 급한 일이라도 생기면 화장실 문 앞을 지켜주

비무장지대를 조사하며 담은 풍경들. 산악지대가 펼쳐진 동부전선(위)과 습지대가 드넓은 중부전선(아래).

는 병사의 도움을 받아 허겁지겁 용무를 해결해야 했는데, 다큐멘터리 감독과 함께하고부터는 여자 둘이 그 어려움을 나눌 수 있게 되었다.

또 하나는 대중성과는 거리가 먼 나의 영화 취향을 공유할 상대가 생긴 것. 요르고스 란티모스, 자크 오디아르, 파벨 포리코브스키와 같은 감독들의 작품이 왜 좋은지를 내가 재잘재잘 말하면 그와 비슷한 영화를 만들고 싶다고 감독은 차분하게 대답했다.

감독은 이따금 내가 식물세밀화를 그리는 게 포착된 날에는 "세밀화 안 그린다면서요"라고 하면서 묘한 표정을 지으며 카메라를 켰고, 나는 "아, 세밀화가가 아니라는 거지 세밀화를 안 그린다는 뜻은 아니었는데. 그러니까 이건 제가 좀 집요하게 관찰하고 있는 분류군이라……"는 말로 얼버무렸다.

동료들과 함께 나는 비무장지대에서 만난 식물들의 씨앗을 한 톨 한 톨 받아 모으고 그걸 키워 식물원을 꾸미는 준비에 열중했다. 식물원은 몇 개의 주제로 공간이 구분되었는데, 감독은 그중 '미래의 숲'이 제일 마음에 든다고 콕 집어 말했다. 그 장소에 대한 소개를 내가 이렇게 썼다.

과거 한 시절 이 땅은 거주민의 경작지였습니다. 돌담을 쌓아 만든 밭의 흔적이 그 역사를 말해주기도 하지요. 일찍이 사람은 떠나고 텅 빈 공간만 남은 이곳에 씨앗이 날아들었습니다. 바람이 일고 볕이 들고 비가 내리는 날들이 쌓였지요. 그렇게 세월의 더께는 숲을 만들었습니다. 그 숲을 DMZ자생식물원이 지키려 합니다. '미래의 숲'이라 이름 짓고 오랜 시간 가만히 지켜볼 생각입니다. 현재의 과거가 한때의 미래였고, 지금의 미래가 언젠가는 과거가 되듯 '미래의 숲'은 우리의 과거와 현재와 미래를 넘나들며 DMZ의 다양한 나무와 풀꽃 들을 품어갈 것입니다.

2016년 10월에 마침내 DMZ자생식물원이 문을 열었다. 정작 감독 자신의 DMZ 다큐멘터리는 미완에 그쳤으나—그는 지금도 여전히 촬영 중이다—, 식물원 방문자센터에서는 몇 년째 감독의 영상이 작자미상 상태로 상영되고 있다. 얼마 후 나는 식물원과의 계약이 끝나기 전에 정년이 보장되는 지금의 자리로 근무지를 옮겼다.

국립백두대간수목원에 온 지도 벌써 7년이 훌쩍 지났다. 비무장지대에서 동과 서를 횡단했다면, 이곳에서는 설악산부터 지리산을 잇는 백두대간을 조금 더 치열하게 중단한다. 인간의 출입이 금지되어 다양한 생물이 비교적 안전하게 보전될 수 있었던 비무장지대와 달리 개발의 압력에서 자유로울 수 없는 곳이 백두대간이다. 난개발로 서식지를 잃은 식물을 구조해서 수목원으로 옮기는 일도 내가 하는 일 중의 하나다. 그들이 새 삶을 이어갈 수 있도록 돕고 지켜보는 일은 삶이 내게 준 큰 선물이다.

그렇게 겨우 살아남게 된 식물들을 보며 나는 전과는 또 다른 미래의 숲을 꿈꾸게 되었다. 아무도 가보지 못하고 상상하지 못한 숲, 각자의 마음속에서 꿈에 의해 설계되는 숲, 당장은 보이지 않지만 언젠가는 분명히 드러나게 될 숲. 이제는 나의 다정한 친구가 된 동갑내기 감독에게 그 꿈을 말했더니 그는 나를 쫓아다니며 또 기록에 담겠다고 한다.

그런데 감독님, 백두대간을 함께 누비고 다니는 일은 좋지만 내가 카메라 속에 들어가고 싶지는 않은데 어쩌죠?

꾸미려 애쓰지 말라

국립백두대간수목원에는 여러 품종의 장미를 모아 놓은 정원이 있다. 때가 되면 그곳에 각양각색의 장미가 핀다. 어떤 장미는 겹겹으로 변형된 꽃잎으로 화려함을 마구 뽐내기도 한다. 그런데 내 눈에 가장 돋보이는 건 애써 심어 가꾼 그 장미들이 아니라 가꾸지 않아도 변방에서 저절로 자라는 찔레꽃이다. 장미 품종을 만들기 위해 접붙일 때 찔레꽃의 도움을 받는다. 북한 식물분류학자들이 쓴 식물도감에서 찔레꽃은 들장미로 통한다. 장미와 같은 계보라는 건 찔레꽃 가지에 돋은 뾰족뾰족한 가시만 봐도 알 수 있다. 인간은 결코 흉내 낼 수 없으리라는 것을 이미 다 안다는 듯이 찔레꽃은 청초하고 수수하고 강인하고 순정하다. 일부러 꾸미려 애쓰지 말라고, 있는 그대로의 모습이 진정으로 아름답다고 말한다. 찔레꽃은 5월에 전국 어디서든 하얀 꽃을 피운다.

꽃을 보기 위해서가 아니라 배고픔을 달래기 위해 찔레꽃을 찾아다니던 시절이 있었다. 보릿고개를 넘도록 도와준 고마운 먹거리 가운데 하나가 찔레꽃의 연둣빛 햇가지였다. 할머니는 봄이 오면 어떤 순수하고 성스러운 장소로 안내하듯이 나를 찔레꽃 앞으로 데려가곤 했다. 겨울눈을 뚫고 새로 나온 순의 껍질을 벗겨 내 입에 넣으며 그이는 말씀하셨다. "이제는 살기 좋아져서 배곯을 일 없지만 그래도 먹어보렴. 곧 닥칠 여름 무더위를 무사히 건널 수 있을 게다." 할머니 돌아가신 지 10년도 훨씬 지났건만 그때 풍경이 아직 삼삼하다. 찔레꽃을 보면 나는 찌르륵찌르륵 마음이 구슬퍼질 정도로 외롭고 쓸쓸해진다.

일제강점기 말 백난아가 부른 노래 「찔레꽃」의 가사는 "찔레꽃 붉게 피는 남쪽 나라 내 고향"으로 시작한다. 직업병이 도져서일까. 노랫말을 곱씹다 보면 내 고향에 붉게 핀다는 그 꽃이 찔레꽃은 아닐 거라는 생각이 든다. 나는 그 꽃이 찔레꽃과 같은 혈통의 형제 식물인 해당화라고 짐작한다. 해당화를 '때찔레' '홍찔레'라고 부르는 곳도 있다. 현대식 식물 분류법이 도입되기 전에는 바닷가 주변에서 붉은 계열로 피는 해당화와 산과 들에서 하얗게 피는 찔레꽃을 엄밀히 구분해 부르지 않았을 것

만개한 찔레꽃의 모습. 장미 품종을 만들기 위해 접을 붙일 때 찔레꽃의 도움을 받고, 찔레꽃과 장미를 교배해서 더 다양한 장미 품종을 만들기도 한다.

이다. 한국의 야생 장미라고 할 수 있는, 지금의 장미를 존재하게 하는 원종—찔레꽃, 해당화, 돌가시나무, 인가목 등—을 세세히 구분하지 않고 뭉뚱그려 찔레꽃이라 불렀을 것이다.

장미는 우리 주변에서 쉽게 구할 수 있는 아주 친숙한 식물이다. '장미 장薔'자에 '장미 미薇'자. 한자를 헤쳐 보면 담에 기대어 자라는 덩굴장미라는 뜻이다. 일정한 공간을 둘러막기 위해 쌓아 올린 울타리 위에 드레드레 넝쿨을 뻗는 식물이 장미라는 것이다. 그래서 장미는 저 혼자 나타나지 않는다.

아름다운 자태와 관능적인 향기를 즐기기 위해 인류가 장미를 재배하기 시작한 시기를 이집트와 중국에서 고대문명이 꽃피던 기원전 3000년께로 보거나, 중국에 남은 공자의 기록과 고대 그리스 시인 사포의 시에 따라 기원전 5~6세기 무렵으로 본다. 그때부터 오늘날까지 개량을 거듭하고 식물을 육성해서 얻은 원예종은 자그마치 3만 7천여 종에 이른다. 세계 최대의 꽃 경매장인 네덜란드의 로열플로라홀랜드가 2023년 밸런타인데이 준비 기간에 거래한 장미는 1억 7500만 송이라고 한다. 수많은 장미는 주요 생산지인 콜롬비아, 에콰도르, 케냐에서 수송되어 대부분 국외로 배송된다.

예로부터 로마 문화권에서 장미는 비밀을 보장하거나 신중한 결정을 내릴 때 상징처럼 여겨지기도 했다. 성당의 고해소나 법정의 천장 및 벽에 장미를 새기고 장식처럼 매단 이유는 그 아래서 나눈 모든 대화가 비밀로 유지돼야 함을 상기시키기 위해서였다.

장미를 가꾸는 일에 몰두했던 인물 중 나폴레옹의 아내 조제핀이 있다. 그녀는 프랑스 파리 외곽 말메종성의 정원에 당시 알려진 모든 장미를 유럽 전역의 공급업체로부터 받아 가득 채웠다. 프랑스가 영국과 전쟁 중이라 영국해협이 봉쇄돼 있었지만, 영국에서 장미를 선적

할 수 있도록 조처했고, 배는 장미를 앞세워 영국해협 봉쇄를 아무런 제재 없이 통과할 수 있었다고 한다. 이는 프랑스에서 꽃에 대한 열정과 장미 재배 유행을 일으키는 계기가 됐고, 조제핀은 '장미 정원' 개념을 정립한 것으로 인정받는다.

19세기 중반은 동서양의 장미를 접목한 새로운 품종이 세상에 출현했기에 장미 역사에서 중요한 시기다. 이를 '고전 장미'와 '현대 장미'의 분기점으로 삼는다. 장미 개종에 열을 올리던 유럽에 동인도회사를 통해 중국의 토종 장미인 월계화가 도착한다. 이 꽃은 여름 내내 반복적으로 꽃을 피우면서 은은한 차의 향기를 내뿜었다. 월계화에 매료된 정원사와 장미 육종가들은 유럽의 여러 장미들을 접목하는 일에 열을 올렸다. 마침내 월계화와 유럽 고전 장미의 결합으로 현대적인 장미 '라 프랑스$^{La\ France}$'가 1867년 탄생한다. 1875년에는 월계화와 찔레꽃을 교배한 '폴리안타 장미$^{Polyantha\ Rose}$' 계열이 등장한다.

우리나라 동해의 최북단 해변이라 할 수 있는 강원도 고성 화진포에는 늦봄부터 이른 가을까지 붉게 피는 해당화 군락이 있다. 그보다 북진하면 해당화 서식지가 더 있다. 북한의 식물분류학자 임록재는 『조선식물지』에서 강원도 원산의 명사십리와 어랑만의 해당화가 얼마

해당화. 찔레꽃과 같은 혈통의 장미과 식물로 바닷가 주변에 주로 산다. 지역에 따라 '때찔레' '홍찔레'라고 부르기도 한다.

나 멋진지 말한다. 일제강점기 전남 순천에 머물렀던 미국 선교사 플로렌스 헤들스턴 크레인은 1931년 5월 출판한 『푸른 눈의 여인이 그린 한국의 들꽃과 전설』에서 "북한 원산의 명사십리 해당화가 유명한데 강릉 일대 해안에 집중적으로 심어 관광 명소를 시도해보는 것도 좋겠다"라고 썼다.

바다 가까이 해당화가 있다면 백두대간 산정에는 그 꽃과 비슷하게 생긴 인가목이 있다. 인가목이란 이름을 처음 맞닥뜨리면 나무가 뭘 인가했다는 뜻인가, 하고 의아해할지도 모르겠다. 인가목은 줄기에 촘촘히 박힌 가시가 두드러지는 장미로 민가에서 약재로 널리 쓰이는데, 한방에서 부르던 이름이 그대로 굳어졌을 거다. 우리 선조는 해당화와 인가목을 구분하지 않고 약으로, 향으로, 꽃으로 널리 이용했다. 특히 그 식물들로 향낭을 만들어 차고 다녔다는 문화가 내게는 참으로 정답게 다가온다. 꽃들이 짙게 피는 여름날, 한복 허리춤과 부채에 꽃을 말린 주머니를 매달아 향을 풍기고 다닌 것이다.

찔레꽃과 인가목을 절반씩 섞은 것처럼 생긴 흰인가목도 있다. 흰인가목은 강원도의 설악산, 발왕산, 박지산 등 인적이 드문 높고 깊은 산에 산다. 내가 식물분류학자로 수목원에서 일한다고 해서 연구실에만 앉아 있는 건 아니다. 누가 애써 가꾸지 않아도 식물이 스스로 사는 땅, 그 현장에 더 많이 머문다. 당장 멸종위기에 직면한 식물은 없는지, 특별히 보호가 필요한 장소는 어디인지를 알아내는 일이 내 몫이다. 흰인가목을 발견한 것도 그 탐사 덕분이다.

그들이 살 만한 장소는 샅샅이 다 뒤졌다. 주로 고도 1000미터 이상의 고만고만한 바위들이 넘너른한 너덜지대, 그 돌들 사이에서 한여름에도 찬바람이 쏠쏠 나오는 곳에 흰인가목이 산다. 돌 틈에 발이 끼여 다치기가 쉽고 발자국이 남지 않아 방향을 못 잡고 길을 잃기 십상이라 그곳에서는 특히 더 긴장하고 집중해야 한다. 그나마 설악산과 발왕산은 정식 등산로가 있어 돌밭까지 찾아갈 만한데, 평창군에 자리한 박지산은 제대로 된 길이 없다. 내가 길을 만들며 나아가야 한다. "하이고, 큼지막한 찔레 같은 꽃이 얼마나 곱게 피는지 꽃집에서 파는 장미는 얼굴도 못 내밀 거야!" 하고 혀를 내두르며 감탄하던 동네 어르신 덕분에 산길 초입을 겨우 찾아 흰인가목을 만나러 간 날이 있었다. 더운 여름날 시원한 바람이 저절로 부는 신비로운 땅에 오롯이 살아남은 흰인가목을 만났을 때의 탄복을 나는 조사 야장野帳에 결코 다 담을 수 없었다.

정원과 베란다와 화분 안에서 식물이 돌봄을 받는다는 건 반가운 일이다. 다만 자연에서 자생하는 식물에게도 그만큼 다정했으면 좋겠다. 지구라는 정원에는 스스로의 힘으로 살아남기 위해 혹독한 시절을 통과하는 식물이 더 많으니까. 장미를 심고 가꾸는 땅에 찔레꽃이 저절로 들어왔다고 해서 잡초 덤불로 치부하고 뽑아낼 일이 아닐 테다.

노년에 식물분류학자로 살았던 프랑스의 사상가 장자크 루소는 여러 사람과 편지를 주고받으며 자신의 식물학적 지식과 소신을 밝힌 바 있다. "(주변의 식물을 관찰하다가) 겹꽃을 한 개량종이 발견되면 조사하지 마세요. 그것들은 꼴불견인 데다가 사람들 유행에 따라 꾸며진 것이니까요. 그런 곳에는 자연이 더 이상 존재하지 않아요. 자연은 그렇게 훼손된 괴물을 재생하지 않으니까요. 가장 아름다운 부분, 예컨대 꽃부리 같은 것이 더 화려해졌다면, 그건 그 화려함 아래 다른 중요한 부분이 희생됐다는 것을 의미하니까요." 루소의 말을 나는 주머니에 편지처럼 접어 넣고 다닌다.

숲속의 위험하고 무서운 것들

깊은 산속을 헤매는 날이 많다 보니 그만큼 위험에 노출될 일도 많다. 덩치가 큰 야생동물을 갑작스레 맞닥뜨리는 상상을 하는 건 나 혼자만이 아닐 것이다. 멧돼지를 못 봤거나 그들의 흔적을 발견하지 못한 채 하산하는 날은 오히려 이상하다고 느껴질 정도다. 새끼들을 데리고 나온 어미 멧돼지는 특히 조심해야 한다. 그들은 타자에게 공격성을 드러내는 방식으로 모성애를 표출하기 때문이다.

반달가슴곰은 훨씬 더 위협적이다. 거대한 앞발에 얻어맞거나 뒷발에 밟히기라도 하면 정말 사람 인생 끝이다. 일단은 안 만나는 게 상책이다. 하지만 곰이 출몰하는 구간이라고 해서 조사 지역에서 제외할 수는 없는 노릇이다.

지난봄부터 가을까지 지리산 노고단 남쪽의 문바우

등 주변을 부지런히 다녔다. 그 구간은 반달가슴곰을 방사한 지역이라 20여 년 전부터 일반인의 출입을 금지하고 있다. 산의 초입에 문수사라는 절이 있다. 우리나라 1세대 식물분류학자 이영노 선생은 1998년 그 절 주변에서 조릿대를 닮은 식물을 발견하고 '문수조릿대'라는 이름을 지어 신종으로 발표했다. 문수조릿대가 정말 거기에 사는지, 산다면 얼마나 어떻게 분포하는지, 세계적인 신종이 맞는지 등을 알아내는 게 나의 연구 과제 중 하나였다. 어쩌면 위험한 상황에 처할 수도 있겠다는 생각에 조사를 앞두고 평소보다 치밀하게 탐사 경로를 살피고 팀원들과 의견을 주고받으면서 꼼꼼히 짐을 챙겼다.

무방비 상태에서 낯선 생명체가 갑자기 튀어나오면 곰이든 사람이든 서로 깜짝 놀라서 평상심을 잃을 수도 있다. 그래서 멀리서부터 일부러 기척을 내는 것이 상황을 대비하는 한 방편이 될 수 있다. 곰이 들으라고 딸랑딸랑 울리는 종을 배낭에 걸고 걷는다. 동시에 주의를 집중해 다른 기척에 귀를 기울인다. 곰은 덩치만큼이나 숨소리도 커서 그르렁대는 소리가 먼발치에서도 들린다. 그걸 알아챘다면 탐사고 뭐고 다 집어던지고 각자도생 줄행랑쳐야 한다. 이것이 야생에서 내가 익힌 곰을 피하는 최선의 방법이다. 그 금단의 땅에서 우리 팀은 곰의 기척을 듣고 물러났다가 잠잠해지면 나아가길 몇 번이고 반복했다. 봄에 조사를 시작해 여름이 다 돼서야 문수조릿대를 찾을 수 있었다.

덩치가 큰 포유류는 그나마 덜 무서운 편이다. 눈에 잘 보이지도 않는 진드기는 산에서 가장 위험한 동물 가운데 하나다. 사람에게 치명상을 입힐 수도 있기 때문이다. 진드기에 물린다고 해서 모든 사람이 죽는 건 아니지만, 그 진드기가 치명적인 바이러스를 보균하고 있을 때는 생명을 들었다 놨다 할 수도 있다. 몸에 원래 없던 검붉은 점이 하나 생겼네, 하고 유심히 들여다보면 점이 아니라 피부에 머리를 콕 처박은 채 피를 빨아 먹고 있는 진드기의 꽁무니다. 야생의 일에 워낙 익숙해져서 언젠가부터 내 피부에 박힌 진드기 뽑아내는 것 정도는 어렵지 않게 하는 편이다.

비무장지대의 산지 중에서 조사가 제대로 진행되지 않은 곳을 타깃으로 식물 탐사를 얼마간 이어나갈 때였다. 강원도 인제와 양구의 산들을 매일같이 다니던 9월 중순의 어느 날, 나는 어쩔 수 없이 진드기에 물렸고 여느 때처럼 잘 찾아서 빼냈다. 그런데 며칠 후부터 고열이 나며 시름시름 앓기 시작하는 게 아닌가. 결국 대학병원에 실려 갔다.

"위험한 정도가 아니라 금방 죽어요."

나를 진료하던 감염내과 전문의가 말했다.

털진드기는 쯔쯔가무시증을, 참진드기는 라임병을, 작은소참진드기는 중증열성혈소판감소증후군을 일으키는 매개충이다. 병원에 입원하고 일주일이 지나서야 내가 얻은 병이 쯔쯔가무시증이라는 결과가 나왔다. 그래도 치료를 받으니 나의 증상은 호전되었다. 질병관리청의 감시망에서도 벗어날 수 있었다. 중대한 감염병으로 별도 관리하는 중증열성혈소판감소증후군이 아니라고 판명되었기 때문이다.

하지만 담당 의사는 여전히 심각했다.

"벌목 작업을 하던 분이 재작년에 환자분처럼 털진드기에 물려 쯔쯔가무시증에 걸렸어요. 다행히 금세 호전되어 건강하게 퇴원을 했습니다. 병원 나가실 때 그분 붙잡고 제가 그랬어요. 그 일 하지 마시라고요. 그런데 이듬해 다시 진드기에 물려서 구급차에 실려 오셨어요. 결국 중증열성혈소판감소증후군 판정을 받고 다음 날 사망하셨습니다."

의사는 치사율을 언급하며 진드기를 만만하게 보면 안 된다고 단호하게 말했다.

"현장에 나가 식물 조사하신다고 했죠? 너무 위험한

일입니다. 그나마 젊으니 회복하신 겁니다. 저는 나이 드신 부모님 텃밭 농사도 못 짓게 해요. 제가 환자분 가족이라면 다른 직업 택하라고 하겠어요."

사실 의사가 염려한 것보다 더 다양한 위험이 내 일터 곳곳에 있다. DNA 분석 실험 과정에서 필수적으로 써야 하는 시료 중에는 무서운 발암물질이 든 것이 있다. 실험할 때마다 매번 어떤 위험에 노출될 수밖에 없다. 실제로 자신의 불임이 그것과 관계가 있는 것 같다고 흰자위를 붉히며 자책하던 선배는 결국 이 분야를 떠나고 말았다. 절벽에 붙어 사는 측백나무 개체수를 로프를 매고 조사하다가 추락사한 후배를 학계에서 모두 같은 마음으로 애도했던 때도 있다. 그 후배의 열정이 여전히 또렷하게 기억난다. 동물을 쫓으려고 쳐놓은 전기 울타리에 감전되어 그 자리에서 세상을 떠나게 된 연구원의 소식을 들은 건 비교적 최근이다.

나와 식물분류학계 동료들이 일터에서 가장 무서워하는 건 산에서 길을 잃고 혼자 맞게 되는 칠흑 같은 어둠일 것이다. 식물분류학 연구실에 들어가서 가장 먼저 배우는 안전 수칙은 산에서 조난당했을 때의 대처법이다. 깊은 산에서는 최소 2인 1조로 움직여야 한다는 게 우리 학계의 불문율과도 같다. 하지만 보다 다양한 경로로 식물을 관찰하기 위해 한 팀이 찢어져서 일부 구간을 혼자 걷게 될 때가 있다.

불과 몇 해 전 소백산에 조사를 나간 모 대학의 식물분류학 연구원이 실종된 사건이 있었다. 그는 그때 마침 불행히도 발목을 다쳐 움직일 수 없게 되었고 휴대전화 배터리는 방전되어 자신의 위치를 알릴 수도 없었다. 손전등마저 없는 상황에서 밤이 찾아왔다. 동료들은 발을 동동 구르며 관할 구역에 실종 신고를 했고 소방인력이 대거 투입되어 밤새 구조 활동을 펼쳤으나 실종자를 찾지 못한 채 날이 밝았다. 가족과 동료들은 그가 무사히 걸어 나올 거라고 울고 기도하면서 서로를 보듬었다. 오전 7시께 가까스로 한쪽 다리를 절며 제 발로 산을 빠져나오는 그가 포착되었다. 어떻게 된 일이냐고 묻자 발목을 다쳐 걸을 수가 없었다고 했다. 그의 말이 귀에 생생하다.

"밤이 돼서 연구실에서 배운 대로 체온이 떨어지지 않도록 식물 채집용 봉투를 온몸에 두른 채 해가 뜨기만을 기다렸어요. 어둠이 너무 무서웠어요."

그 일이 발생하고 얼마 지나지 않아 열린 학계 모임에서는 산에서 길을 잃고 마주하는 어둠이 얼마나 무서운지 저마다의 무용담을 나누는 자리가 있었다. 한 원로

선배께서는 요즘 젊은이들이 이렇게 위험한 우리 분야에 나서기나 하겠느냐고, 식물 연구가 고위험 직업군이라고 자평했다. 그걸 듣던 누군가는 자조적인 농담을 던지기도 했다. 우리가 다루는 멸종위기종보다 식물분류학자가 사라지는 속도가 더 빨라지는 것 같다고.

나는 경남 합천의 가야산 중턱에서 길을 잃었다가 어둠을 헤치고 겨우 하산한 적이 있다. 식물분류학 연구실의 대학원생이 되겠다는 호방한 기상을 품고 있을 때였다. 지금처럼 탐사 준비물을 챙길 줄도 몰랐고 스마트폰을 쓰지도 않던 시절의 일이다. 숲속에서 어둠에 붙잡힌 나는 달과 별이 되쏘는 빛에 어렴풋하게 보이는 나무와 나무 사이의 길을 더듬었다. 식은땀을 흘리며 숲 아래로 한참을 걸었다. 도대체 얼마나 걷고 있는지 헤아릴 수 없을 때쯤 가까스로 산의 초입에 다다를 수 있었다.

그제야 다리가 풀려 털썩 주저앉아서 엉엉 울었다. 숲을 향해 내게 길을 알려줘서 고맙다고 외쳤다. 나는 눈물을 훔치며 매일매일 찾아오는 밤이 너희는 무섭지 않느냐고 나무에게 물었다. 어둠을 통과했기 때문에 해가 뜨는 거라고, 빛은 그렇게 우리를 찾아오는 거라고, 그건 지극히 자연적인 거라는 답변이 환청으로 들렸다. 그날의 일은 이후 내 앞에 찾아온 숱한 위험들로부터 나를 지켜내는 좋은 경험으로 작용하고 있다. 내가 하고 있는 일을 포기하고 싶은 마음이 불쑥 찾아올 때마다 나는 그 캄캄한 숲의 밤을 떠올린다.

너도밤나무의 멋진 발등

나도밤나무와 너도밤나무는 모두 실제로 우리 땅에 사는 나무 이름이다. 식물학자들은 한 식물의 이름을 새롭게 정해야 할 때 접두어 '나도'와 '너도'를 종종 갖다 붙인다. 기존에 이름이 있던 식물과 생김새가 닮았거나 혈통이 같은 경우에 그렇다. 나도바람꽃과 너도바람꽃, 나도개미자리와 너도개미자리, 나도양지꽃과 너도양지꽃은 각각 바람꽃과 개미자리, 양지꽃에서 파생한 이름이다.

나도밤나무는 국내 남부지방의 숲에서 어렵지 않게 볼 수 있는 나무다. 밤나무와는 전혀 다른 혈통인데, 잎을 보면 왜 그 이름이 붙었는지 이해가 확 간다. 잎이 밤나무를 무척 닮았기 때문이다. 다만 잎만 밤나무를 닮았다. 초여름에 피는 꽃은 이팝나무와 아까시나무 꽃을 섞어놓은 듯 보얗고 화사하다. 가을에 똥글똥글 붉게 익는 열매는 정원이나 공원에 즐겨 심는 남천을 떠올리게 한다.

　너도밤나무는 밤나무와 같은 혈통의 참나뭇과 식물이다. 여느 참나무류처럼 단단하고 굳은 열매를 맺는데 그 모양은 도토리같이 둥글지 않고 세모난 형태다. 국내에서 너도밤나무는 오직 울릉도에만 산다. 19세기 말 울릉도에 정착한 이주민들이 울릉도에 오기 전부터 알던 육지의 밤나무와 나도밤나무로부터 구별하기 위해 '그래, 너도' 하고 이름을 붙였을 것이다. '너도'로 시작하는 따뜻한 어조의 말은 타자를 이해하고 공감한다는 의미를 내포한다. 나와 너를 결속해 하나로 묶어주는, 어딘가에 연결돼 있으니 외로워하지 말라는, 거기가 어디든 힘내서 발붙이고 살라는, 누군가의 존재를 지탱하게 해주는 힘을 지닌 그런 말.

　아주 먼 과거에 너도밤나무는 한반도 내륙에도 살았다. 약 2천만 년 전 동해가 확장되는 과정에서 형성된 것으로 추정하는 경북 포항시 동해면 금광리 산지에는 너도밤나무가 화석으로 많이 발견된다. 너도밤나무뿐만 아니라 중국이 원산지인 메타세쿼이아 화석도 나온다. 국가유산청은 2023년 말 '포항 금광동층 신생대 화석산지'를 천연기념물로 지정했다. 약 60종의 식물화석이 발견된 그 땅이 신생대 전기 한반도의 지형과 기후 환경, 식생 변화 등을 예측할 수 있는 중요한 자료가 된다는 것이다.

실제로 너도밤나무는 신생대 속씨식물의 번성과 쇠퇴를 이해하는 데 결정적 단서가 된다. 너도밤나무속*Fagus* 식물은 신생대 제3기 동안 북반구 대륙에 번성했다. 신생대 제4기 빙하기를 통과하며 식물은 좀 더 따뜻한 남쪽으로 이동했다가 다시 온화해지는 시기에 북쪽으로 영역을 확장하기를 반복했다. 기후 위기에 맞서 끊임없이 이동한 너도밤나무는 현재 전 세계에 10여 종이 북부 온대림의 우점종으로 살아간다. 어떤 너도밤나무에게는 특정 지역이 피난처가 되기도 했는데, 대만의 '대만너도밤나무'가 그 경우다. 학자들은 중국 내륙의 아열대 산지에 드문드문 나타나다가 드넓은 육지를 건너뛰고 뜬금없이 바다 건너 대만에서 우르르 자라는 대만너도밤나무를 기후 위기에 적응하기 위해 나무가 한곳을 피난처로 삼고 군집을 키운 대표적 사례로 든다.

울릉도에 사는 너도밤나무는 아직 미스터리다. 어떤 학자는 울릉도의 너도밤나무가 대만너도밤나무와 같은 경우로, 울릉도를 피난처로 삼았을 뿐 중국 동부지방에 사는 너도밤나무와 같은 종이라고 한다. 너도밤나무는 중국 동부지방에서부터 이어져 한반도 내륙 전체에 번성했다가 쇠퇴하기를 반복했는데, 한반도 다른 곳에서는 자취를 감췄으나 울릉도만큼은 살 만해서 안식처 삼아 눌러앉았다는 것이다. 또 어떤 학자는 중국 쪽이 아니라 일본의 너도밤나무와 더 가까운 혈통이라고도 한다. 그 둘 어디에도 속하지 않으니 아예 울릉도만의 고유종으로 봐야 한다고 말하는 학자도 있다. 아주 먼 과거에는 한국과 일본과 중국의 너도밤나무가 다 하나이던 시절이 있었을 것이다. 종과 종의 경계를 재단하는 분류학은 고정불변한 진리가 아니라 변화하는 자연에 맞서 유한한 인간이 과학적인 방법으로 가설을 진리 가까이 이끌려는

너도밤나무의 수형과 수피와 녹음. (세계생물다양성정보기구 제공)

계속되는 노력이다.

너도밤나무의 분포와 식생에 대한 고민으로 머리를 긁적이던 나는 울릉도 너도밤나무숲에 들어가서야 그러한 근심을 잊게 됐다. 내가 대학원 석사과정을 밟았던 식물분류학 연구실은 울릉도와 독도의 식물을 대상으로 섬 식물의 진화를 탐구하는 곳이었다. 그래서 울릉도의 그 무궁무진한 식물들이 내게 숙제처럼 느껴질 때가 많았다. 때로는 문제를 해결할 요량으로 그 섬에 오래 머물기도 했다. 울릉도 성인봉 9부 능선에는 너도밤나무가 이룩한 원시림이 있다. 1962년 천연기념물 제50호로 지정된 그 숲의 정식 명칭은 '울릉 태하동 솔송나무·섬잣나무·너도밤나무 군락'이다.

그 깊은 숲에서는 어쩐지 집착이나 미련 따위를 떨쳐낼 용기가 생겼다. 축구장 25배 면적인 그 천연림 안에서도 너도밤나무는 특히 압도적이다. 이른 봄 너도밤나무의 연둣빛 새순이 나올 때 그 숲에 가서 볕뉘를 받으며 와 하고 감탄할 수밖에 없었고, 한여름 녹음 짙을 때 그 숲의 나무 그늘에 들어가서는 우와 하고 소리를 질렀다. 너도밤나무가 황금빛으로 물드는 가을에는 단풍의 색감에 넋을 빼앗기곤 했다. 울릉도 너도밤나무숲은 세상의 번잡한 일 따위를 순식간에 잊게 하는 마력이 있다. 사계

울릉도 태하령에 사는 너도밤나무의 곧은 수형과 땅 위로 드러난 뿌리. (김진석 한반도 식물다양성연구소 대표 제공)

절 내내 한결같은 모습으로 나를 감동시키는 건 너도밤나무의 줄기와 뿌리다. 코끼리 다리의 질감과 색감을 닮은 회색빛 줄기와 시조새 발 모양으로 땅을 거머쥐고 지면에 노출된 뿌리는 웅장하다.

"너도밤나무만큼 아름다운 줄기와 멋진 발등을 가진 나무는 없습니다." 헨리 데이비드 소로가 월든 호숫가를 거닐며 1851년 11월 7일에 쓴 일기에는 내가 울릉도 너도밤나무를 보며 느낀 것과 같은 대목이 나온다. 실제로 너도밤나무에 대한 미국 사람들의 사랑은 남다른 데가 있다. 숲을 건강하게 가꿔줄 뿐만 아니라 그 용모가 수려해 조경수로 쓰이고, 껍질에서부터 목재와 열매까지 아낌없이 나눠주는 쓰임새 때문일 것이다. 미국의 자연주의자 존 버로스는 유럽에서 너도밤나무를 보고 다음과 같은 글을 남겼다. "나는 오랜 친구인 너도밤나무를 보고 기뻤다. 줄기는 고향에서 만난 것과 비슷했다. 소로가 봤다면 의심할 여지 없이 그 유럽 나무의 발등이 더 예쁘다고 했을 것이다. 대서양 이쪽에 있는 너도밤나무는 미국산 너도밤나무보다 더 매끄럽고 우아한 나무다."

유럽에서는 너도밤나무를 아예 숲의 어머니라 칭하기도 한다. 유럽너도밤나무가 왕성하게 군락을 이룬 숲은 유기물과 무기화합물이 풍부해 땅이 비옥해지고 토양 침식이나 범람으로부터 안전해 더 다양한 생명을 그 주변에 살게 한다. 너도밤나무 열매는 인간을 포함한 다양한 동물의 식량 자원이 되고 꽃이나 잎에서 추출한 물질로 유럽 사람들은 화장품과 약을 만들기도 한다. 요즘 침구류 원단으로 국내에서도 인기가 있는 '모달'은 유럽너도밤나무 섬유질로 만든 인견이다.

독일은 유럽에서 유럽너도밤나무숲 분포 지역의 중심에 있다. 유럽너도밤나무숲의 면적 중 약 25퍼센트가 독일령이다. 하지만 그 대부분이 비교적 최근에 조성된

인공림이고, 200년 가까이 된 유럽너도밤나무숲은 독일 전체 면적의 0.26퍼센트에 불과하다. 인간의 간섭이 없었다면 독일 대부분 지역은 오래된 유럽너도밤나무숲이었을 거라고 한다. 진정한 원시림에 가까운 유럽너도밤나무숲은 카르파티아산맥에만 남아 있다. 폴란드와 슬로바키아와 우크라이나 등 동부 유럽 몇 개국에 걸쳐 소소리 솟은 카르파티아산맥만큼은 반드시 지켜야 한다는 지적이 있다. 유네스코가 나서서 그곳의 유럽너도밤나무 원시림을 세계자연유산으로 등재한 건 2007년 7월의 일이다. 이에 발맞춰 유럽연합도 유럽 전역의 오래된 너도밤나무숲을 추가로 보전하고 확산하는 데 앞장서겠다는 장기 프로젝트를 마련했다.

그런데 지금, 그 너도밤나무숲들이 위험에 처했다. 최근 미국너도밤나무를 덮친 감염병이 유럽에서도 큰 문제가 되고 있어서다. 선충을 매개로 감염균을 옮겨 몇 년 안에 나무를 죽게 하는 치명적인 '너도밤나무잎병'이 미국을 혼란에 빠트린 지 몇 해가 흘렀다. 유럽 학자들은 2022년 프랑스 앙티브에서 열린 제7회 국제선충학회에서 감염병으로 인한 유럽너도밤나무의 피해가 보고되고 있다며 그 심각성을 논의했다.

유럽너도밤나무에 닥친 더 큰 공포는 감염병뿐만 아

카르파티아산맥에 있는 유럽너도밤나무원시림. (우크라이나 루브리카 저널 제공)

니라 현재 진행 중인 전쟁이다. 카르파티아산맥 원시림의 핵심 지역인 '동부 카르파티아 생물권 보호 구역'은 우크라이나 최서단에 있다. 러시아의 우크라이나 침공으로 그 오래된 숲이 몇 해째 일반인에게 접근 불가한 땅이 됐다. 보호 구역의 관광 수입으로 살아가던 주민들은 생계를 위협받고 있고, 숲에서 진행되던 다양한 보전 활동과 연구에 투자되던 비용은 전쟁 자금으로 허비되고 있다. 폴란드인의 후예라고 자신을 소개하는 그곳 마을 주민이 전쟁으로 생활이 매우 어려워졌지만 오래된 너도밤나무숲을 보며 재난을 헤쳐나가기 위한 희망을 얻는다고 말하는 인터뷰를 얼마 전에 읽었다.

 1937년 나치가 독일 바이마르 근교에 세운 강제수

용소 부헨발트는 '너도밤나무'(부헨)+'숲'(발트)이라는 뜻이다. 유럽너도밤나무숲이 지금도 그 일대에 우거져 있다. 28만 명에 이르는 수감자가 수용소를 거쳐갔고 최소 5만 6400여 명이 수용소 안에서 죽었다고 한다. 그리고 채 100년이 안 돼 너도밤나무숲은 비슷한 광경을 목도하고 있다. 러시아의 우크라이나 침공은 아마도 나치가 했던 것과 나란히 인간이 수치스러워해야 할 제노사이드로 기억될 것이다.

나에게 세상사를 잊게 해준 울릉도 너도밤나무숲은 어지러운 현실을 탄식하며 팔을 벌리고 이렇게 말할 것도 같다. 돌이킬 수 없는 참혹한 전쟁과 눈앞의 이익을 위한 무분별한 개발에 골몰하지 말고 자기 발등을 좀 내려다보라고. 자신의 서식지를 파괴하면서 제 발등 찍는 일 좀 멈추라고.

길이 없는 곳에서 길을 만드는 일

　아직도 폴더폰 쓰는 사람이 다 있냐고, 그 구식 기기를 열었다 닫았다 하는 나를 사람들은 신기하다는 듯이 쳐다보곤 했다. 나는 2005년 대학 입학과 함께 휴대전화를 처음 개통한 후 15년이 넘도록 폴더폰을 썼다. 스마트폰이 나오고 나서도 '스마트한' 그 세계로 곧장 진입하지 않았다. 휴대전화 자체가 없던 시절을 더 길게 살았던 나는 폴더폰이 불편하지 않았다.

　세상은 빠르게 변했다. 어느샌가 스마트폰을 쓰지 않으면 할 수 없는 게 더 많아진 세상이 되었다. 내게도 운명의 시간은 찾아왔다. 2G 서비스가 종료되면서 이제 더는 기존 폴더폰을 쓸 수 없으니 보조금을 지원해줄 때 스마트폰으로 바꾸라는 이동통신 회사의 통보였다. 그렇게 나의 뜻과는 무관하게 과거의 폴더폰에 작별을 고하고 지금의 스마트폰을 들이게 되었다.

"제가 아직 폴더폰 쓰거든요."

이제는 이 말이 안 통한다.

"아니, 스마트폰으로 바꿨다면서 톡은 왜 안 해요?"

그래서 이제는 구구절절 설명해야 한다. 단톡방에 들어오지 않으니 불편하다고 따지듯이 묻는 사람들에게.

우리가 오프라인에서 이미 수많은 관계 속에 있잖아요. 그런데 온라인에서 또다시 더 많은 관계에 얽매여야 한다는 게 저한테는 너무 버거운 일이라서요. 무엇보다 휴대전화 확인을 잘 안 하는 게 몸에 배서 제게는 낯선 그 '톡'을 시작한다는 게 도저히 엄두가 안 나네요.

나는 평소에 서로 얼굴을 마주 보고 대하는 일에 비교적 최선을 다하는 편이다. 사적인 일이든 업무와 관련된 일이든 성심을 다해 상대를 마주한다. 상대방에 대해 최대한 예의를 갖추는 일이 삶의 중요한 루틴 중 하나라고 믿기 때문이다. 그러다 보니 온라인에서 추가로 누군가와 연결되는 일에 쓸 에너지가 남아 있지 않다. 탕진한 힘을 다시 채우는 시간이 있어야, 그사이에 온전히 나에게 집중하고 나서야 비로소 다시 관계를 맺을 기운이 생긴다. 그래서 내게는 상대가 누가 되었든 얼마간 서로 연결되어 있지 않을 시간이 꼭 필요하고 중요하다. 그 권리를 보장받고 싶은 것이다.

그 점에서 아날로그적인 삶이 나랑 좀 잘 맞는다고 하면 허황된 사치처럼 들릴까. 식물이 나를 지지해준다는 느낌도 받는다. 일단 식물들은 나한테 휴대전화에 이거 설치해라, 저거 설치해라 몰아세우지 않는다. 온라인으로 만나자고 강요하지 않는다. 가만히 기다리는 식으로 내가 직접 식물을 찾아가도록 이끈다. 식물은 은근히 밀당의 고수다.

그들을 만나러 가는 길 위에서 나는 아날로그의 덕을 볼 때가 많다. 인공위성에서 보내는 신호를 수신해서 현재의 위치를 계산하는 GPS가 우리 삶 곳곳에 스며들었다. 식물을 만나러 가는 길에도 그렇다. 내비게이션이 산 입구까지 안내하고 요즘에는 산에서도 GPS와 통신 신호가 얼마나 잘 잡히는지 사람들이 즐겨 찾는 주요 명산에서는 휴대전화도 빵빵 터진다. 하지만 안타깝게도 나의 일은 거기에서부터 시작된다. 각종 지도 앱에서 제공하는 정식 등산로 너머 길이 표시되지 않은 구간이 주로 내 일터다. 내가 얻을 수 있는 디지털의 혜택은 딱 거기까지다. 대신에 그때부터 나는 예상 소요 시간을 넘겼다고 초조해할 필요가 없어진다. 길을 잘못 들었다고 고민할 필요도 없게 된다. 길이 없는 곳에 사는 식물들을 찾아가기 위해 길을 만드는 게 나의 일이니까. 다시 말하자면, 그

점에서 아날로그적인 삶이 나하고 호흡이 맞는다.

    식물을 탐구하는 방식에서는 이미 디지털이 큰 비중을 차지한 지 오래고 다양한 앱들도 출현했다. 디지털을 외면할 수 없는 게 현실이다. 하지만 그 방식이 결코 전부일 수는 없다. 깊은 산속에 사는 희귀식물 서식지의 환경을 구명하기 위하여 나와 동료들은 기후를 측정할 수 있는 장치를 험지에 설치한다. 접근이 워낙 어려우니 그런 방식으로 편리를 꾀하는 것인데, 양질의 정확한 데이터를 얻기 위해서는 끊임없이 그곳을 직접 방문해야만 한다. 산악의 모진 기후에 장비가 훼손되지 않도록 정비해야 하고 저장용량 한도가 넘치지 않도록 주기적으로 데이터를 추출해야 한다. 그렇게 대면해서 얻은 자료를 실제 기상청 데이터와 일일이 맞춰보며 오류가 난 구간은 없는지 확인하는 수작업을 거친다. 그러고 나서야 슈퍼컴퓨터를 온전히 믿고 분석프로그램을 작동할 수 있다. 분석 결과를 얻고 나면 다시 희귀식물 서식지를 한동안 모니터링하는 방식으로 검증한다. 이 일련의 과정은 사계절을 여러 번 통과하면서 최소 몇 번의 반복 작업이 이루어진 후에야 한 편의 보고서나 논문이 될 수 있다.

    나는 남덕유산 근처 산세가 유독 험한 월봉산을 계

절마다 찾는다. 최근 전 세계적으로 부쩍 삶의 영역을 축소하고 있는 침엽수, 그중에서도 우리나라에만 사는 고유 식물인 구상나무가 거기 살고 있어서다. 지구가 추웠던, 그래서 매머드가 수북한 털을 방한복처럼 두르고 활동했던 시기를 호시절로 여겼던 그 친구들은 이제 점차 사라져가는 추세다. 세계자연보전연맹은 구상나무를 심각한 멸종위기종으로 평가한다. 나는 어쩌다가 지금의 상황에 이르렀고, 앞으로 어떻게 변할 것인지, 일종의 단서와도 같은 것을 몇 해째 길 없는 월봉산 구상나무 자생지에서 길을 만들어가며 얻는 것이다.

내 일터는 주로 정식 등산로가 아닌 곳에 있다. 경남 거창 양각산과 시코봉을 잇는 능선을 헤매다가 만난 백두대간 여름 풍경.

그간 아날로그와 디지털을 저울질하면서 나는 그 둘의 조화가 무척이나 중요하다는 것을 새삼 느꼈다. 식물의 세계에 접근하려면 사람 사는 세상처럼 오프라인을 제대로 알아야 온라인을 똑똑하게 쓸 수 있다. 자연에서 일어나는 복잡다단한 일을 하나로 쉽게 단정할 수 없기 때문이다. 그건 나뿐만 아니라 많은 동시대의 과학자가 강조하는 점이기도 하다. 과학이 발전하고 각종 분석 기법이 화려해질수록 그에 비례해서 현장에 대한 해석이 더욱 중요해지고 있다. 이러한 '자연기반해법'이 지금의 기후 위기와 새롭게 등장할 감염병을 해석하는 일에도 긴요하게 쓰일 것이다.

지구에서 살아가는 우리 인간은 여전히 불완전하고 모자라고 부족한 생명체다. 그것을 보충하여 완전하게 하는 힘은 절대적인 단 하나의 몫이 아니라는 것. 접목이라고 했던가. 자연 속에서 과학을 하면서 나는 식물이라는 타자와의 소통을 배우고 있는 것 같다.

고지를 물들이는 오묘한 매력

 길을 잘못 들었다. 미역줄나무 때문이다. 강원도 인제 곰배령에서 점봉산 정상으로 향하는 능선 길. 이곳은 인위적인 활동을 아예 차단해서 산을 보호하겠다는 뜻으로 지정된 탐방객 출입 통제구역이다. 사람들 발길 끊긴 곳은 미역줄나무 차지다. 미역처럼 본줄기를 중심으로 사방팔방 자잘한 줄기와 너른 잎을 내는 덩굴나무. 항간에는 잎이 보드라워서 미역줄나무라고 부른다는 이야기도 있다. 북한에서는 메역순나무라고 한다. 왔던 길을 되짚어서 미역줄나무 앞에 다시 선다. 한여름에 미역줄나무는 다른 나무들 위에 올라타 넘실대며 위용을 떨친다. 그래서 미역줄나무가 수북하게 우거지면 조붓한 길은 다 지워진다. 미역줄나무에 가로막혔다고 옆으로 돌아가면 산에서 길을 잃기 십상이다. 덤불을 뚫고 앞으로 나아가야 가려졌던 길이 이어진다.

미역줄나무의 모습. 미역처럼 본줄기를 중심으로 사방팔방 자잘한 줄기와 너른 잎을 낸다. 한국과 일본과 중국의 동북 지방에 분포하며 주로 높은 산에 산다. 고산에 있는 키가 작은 나무를 에워싸는 방식으로 한여름에 세력을 확장한다.

 그렇다고 미역줄나무가 아무 데나 함부로 자라는 건 아니다. 해발고도 1000미터 정도는 돼야 뿌리를 내린다. 시인 정지용은 「백록담」이라는 시에서 "절정에 가까울수록 뻑국채 꽃키가 점점 소모된다"라고 썼다. 정말로 산정의 나무와 풀꽃은 키가 작다. 산꼭대기에서 특히 사나워지는 바람에 맞서느라 그렇다. 산허리에서 10미터가 넘게 자라는 신갈나무가 산정에서는 2미터가 채 안 되게 자란다. 중턱에서는 내 키를 훌쩍 넘는 진달래와 철쭉이 산의 맨 위에서는 내 허벅지에도 못 미친다. 능선에서 앙증맞게 자라는 그 나무들과 눈 맞추고 걷다가 아이고, 수

풀이 이렇게나 우거졌네, 하는 순간을 마주했다면 그건 아마도 그 나무들을 뒤덮은 미역줄나무를 만난 경우일 거다. 미역줄나무는 고산의 키가 작은 나무를 에워싸는 방식으로 세력을 확장한다.

    지금 내가 우거진 덤불을 헤치며 점봉산 정상을 향하는 이유는 봉우리에 가닿으려는 것이 아니다. 거기 사는 바람꽃을 만나기 위해서다. 바람꽃은 초복 무렵 피기 시작해서 말복쯤 진다. 남한에서는 설악산과 점봉산을 빼면 바람꽃이 스스로 자랄 수 있는 자생지가 없다. 왕복 20킬로미터인 점봉산 산길을 걸어 바람꽃을 찾고 식물 조사를 마치기까지 걸리는 시간은 최소 열 시간. 사람이 만든 화장실은 산 어디에도 없다. 대소변을 보려면 자연에 신세를 져야 한다. 식물을 조사하러 다닌 지 10년이 넘으니 깊은 산속에서 용무를 보는 게 제법 익숙해졌다. 미역줄나무가 앞에 있으면 자신감이 더 붙는다. 일단 미역줄나무 덤불이 내 몸을 잘 가려주니까. '급똥'이 마려운 위급한 상황이 닥쳤다면 미역줄나무 품에 숨어서 급한 불을 끄면 된다. 그러고는 내 손바닥만 한 잎 몇 장을 뜯어 가지런히 겹쳐 모아 뒤처리하는 데 쓴다. 미역줄나무 잎은 미역 순처럼 보드라워서 그 용도로 제격이다. 일련의 과정은 대체로 신속하고 깔끔한 편이다.

미역줄나무의 꽃과 열매. 상아색 별 모양의 자잘한 꽃 수백 송이가 모여서 큼지막한 꽃차례를 이룬다. 씨앗에 날개가 달린 '시과'의 연붉은빛 열매는 마치 꽃처럼 보인다.

길을 가로막아 애를 먹이다가 돌연 나를 구하기도 하는 미역줄나무의 진짜 매력은 눈부신 꽃과 아름다운 열매에 있다. 미역줄나무꽃은 상아색 별 모양의 자잘한 꽃 수백 송이가 모여서 큼지막한 꽃차례를 이루며 초여름에 핀다. 초록 이파리 몇 장이 붙은 꽃대를 꺾어 모으기만 하면 근사한 꽃다발을 만들 수도 있다. 벌과 등에를 비롯한 여러 곤충이 화사하게 핀 꽃으로 모여든다. 꽃에서 꿀과 양분을 얻기 위해서다. 무더위가 사그라질 때쯤 꽃은 열매로 변하기 시작한다. 그 모습은 씨앗 주변에 날개가 달리는 '시과' 형태다. 날개는 세 장. 바람이 불면 열매에 붙은 그 세 장의 잎이 연붉은빛을 띤 채 깃털처럼 나부낀다. 멀리서 보면 꽃으로 착각할 정도로 한없이 곱다.

미역줄나무는 국내를 벗어나면 일본과 중국 동북부 지방에 산다. 동아시아의 전통 약재 식물이기도 하다. 염증과 자가면역질환을 치료하는 목적으로 쓰였다는 한방의 기록이 있다. 현대 의학은 암세포를 억제하는 미역줄나무의 능력을 높이 평가한다. 미역줄나무에서 추출한 프리스티메린Pristimerin이라는 성분이 난소암 세포의 생성을 억제하기 때문에 치료제로 가능성이 있다는 것이다. 그밖에도 면역조절, 항염증 등을 포함한 약리 활성을 가지고 있고 체중감소, 인슐린 저항성 완화 등에도 효과가 있다는 것이 밝혀지며 의약학계의 관심을 받고 있다. 하지만 지나치면 독이 된다고도 경고한다. 간독성 및 신장 세포 독성과 관련된 50여 건의 중증 사례를 포함하여 600건 이상의 부작용 사례가 알려지기도 했다. 약성이 있는 반면에 독성 또한 빈번하게 보고되어 상업적 활용에는 제한을 둔다고 한다.

그러고 보면 매운 맛과 순한 맛을 다 지닌 알쏭달쏭 종잡을 수 없는 오묘한 식물이 미역줄나무 같다는 생각을 한다. 어수선하게 엉클어진 그 수풀을 뒤로한 채 정상의 바람꽃을 향해 나는 다시 걷기 시작한다.

식물의 말을 사람의 언어로 옮기는 직업

수목원의 한 해 평가회 보고 자료를 만들다가 동료가 한마디 툭 던졌다.

"수목원의 사계절은 봄, 여름, 평가, 겨울 같아요."

우리는 마른나무 잎사귀처럼 와그르르 웃었다. 올해의 연구 사업 결과와 내년도 계획을 상부에 보고하고 평가를 준비하는 일은 힘겹다. 여기에 시간과 정신을 쏟다 보면 가을은 온데간데없고 이내 겨울의 초입에 들어선다.

정부가 '공공기관 혁신가이드라인'을 발표한 이후 모든 공공기관은 너 나 할 것 없이 긴장의 강도가 높아졌다. 2022년 기준 우리나라 공공기관은 모두 350개 정도 된다. 이 많은 공공기관의 인력과 예산을 정부가 손보겠다는 것이었다. 금년 대비 예산의 80퍼센트 선에서 내년 사업을 계획하여 올해 결과와 함께 보고하라는 지시가 상부에서 내려왔다. 수목원의 사업 전체를 전반적으로 평가해서 예산을 얼마나 절감할 수 있을지 가늠해보고 특정 과제에 힘을 실을지 혹은 아예 없앨지 등을 결정하겠다는 것이다. 그래서 내가 속한 부서의 연구진들은 더욱 고삐를 조일 수밖에 없는 노릇이었다. 다른 과제와 경쟁을 붙이면 으레 우선순위에서 밀리는 분야가 기초연구 쪽이니까.

"이 과제를 통해서 관람객을 얼마나 더 모을 수 있죠?" "구체적으로 얼마의 수익을 낼 수 있나요?" 기초연구 분야는 그들이 원하는 답을 단시간에 내놓지 못한다. 다루는 연구 주제가 자연 보전과 관련된 쪽일 때는 더욱 그렇다. "그래요, 다 좋은데 그 식물 지켜서 얻을 수 있는 이익과 개발로 얻을 수 있는 이익 중에 뭐가 더 우위에 있나요?" 기초연구는 수학 문제를 풀듯이 단번에 답을 딱딱 적고 부등호를 매길 수 있는 그런 영역이 아니기 때문이다.

가을에 접어들어 식물들의 잎이 말라간다고 해서 식물이 발달을 멈추는 건 아니다. 식물은 더 치밀하게 세포를 만드는 방식으로 겨울을 준비한다. 깊이 생각하거나 몰입하듯이 자신의 내면을 돌보는 일. 나무는 그렇게 겨울눈을 만드는 것에 힘을 쏟는다. 겨울눈을 안전하게 만들고 나서야 비로소 낙엽의 시절에 든다. 그러고 나면 나무는 다가올 혹독한 시절을 견딜 힘을 얻는다. 그러니까 그건 나무가 성장하는 방식이자 생존 전략이다.

    올해 내가 담당한 과제는 크게 서식지에 대한 연구와 종에 대한 연구 두 가지다. 전자는 산 하나를 두고 그곳에 사는 식물의 종류를 낱낱이 밝히는 것이다. 산 정상을 기준으로 동서남북과 그 사이사이 접근할 수 있는 모든 경로를 가보고 그 과정에서 만난 식물을 빠짐없이 기록하는 일. 올해는 덕유산 근처에 있는 해발고도 1300미터의 산지 세 곳을 해빙이 시작되던 3월부터 10월까지 치열하게 조사했다. 대략 600여 종의 식물을 만날 수 있었다. 연구 결과를 요약하자면 "이 산에 이만큼 다양한 식물이 삽니다. 그중에 정원 소재로 좋은 식물과 약이 될 만한 식물과 산채로 유용한 식물의 목록은 다음과 같습니다. 어느 구간은 희귀식물의 집단 서식지로 확인되었으니 개발을 계획할 경우 별도의 보전 대책 마련이 필요합니다" 정도다. 후자는 특정 종을 타깃으로 표적 조사를 진행하는 것이다. 세계자연보전연맹에서 제안한 기준을 적용하여 국내에서 시급하게 보전해야 하는 종을 찾아내고 그들이 처한 상황을 기록하는 일. 그렇게 벌깨풀과 노랑팽나무와 문수조릿대를 고집스럽고 끈질기게 찾아다녔

탐사 과정에서 만난 벌깨풀(위). 강원도 삼척시 어느 산정 절벽에 붙어 자라는 벌깨풀을 발견하고 사진에 담는 순간(아래).

다. 그중 벌깨풀은 지구상의 남방한계지가 강원도 삼척이다. 이 북방계 식물은 북한에서도 멸종위기종으로 지정하여 보전하고 있다. 지금까지 확인된 벌깨풀의 국내 자생지는 단 네 곳. 그중 한 곳이 관광지 개발로 인해 몽땅 훼손된 것을 이번 조사를 통해 목격했다. 이러한 결과를 정량화된 경제적 가치로 어떻게 환산해서 답해야 할까.

'수목원이 보전 연구도 하는구나. 식물만 잘 키우면 되는 거 아닌가?' 누군가는 이렇게 생각할 수도 있다. 하지만 식물로 가득한 수목원에서는 생각보다 더 다양한 일이 복작거리며 진행된다. 300여 명 정도 되는 나의 동료들은 각자의 부서에서 저마다의 소임을 갖고 살뜰히 일한다. 수목원을 찾아온 관람객을 반갑게 맞이하고 친절히 안내하는 일, 전보다 더 신박한 교육 프로그램을 개발하고 운영하는 일, 단단한 철학을 담아 다채로운 정원을 만들고 가꾸는 일, 세간의 이목을 끌 만한 식물 전시를 기획하는 일, 웹 기반의 관람 서비스를 통해 정보를 정확하게 제공하는 일, 맞춤형 반려 식물과 정원 소재 개발에 매진하는 일, 지역 농가에 도움이 될 사업을 이끄는 일, 식물의 원료에서 새로운 효능을 찾아내는 일, 경북 봉화의 시드볼트를 안전하게 지키는 일, 호랑이숲을 가꾸어 백두대간의 상징과도 같은 호랑이를 정성껏 돌보는 일…….

　이렇게 다양한 일들 사이에서 내가 하는 연구 분야가 돋보이기란 결코 쉽지 않다. 목적도 방법도 각기 다른 수목원의 일들을 단순한 경제 논리를 가지고 서열을 따져야 하는 현실이 못내 아쉽기도 하다. 무엇보다도 이런 방식이 정부가 더 나은 방향으로 가기 위한 것인지를 나는 잘 모르겠다.

　2022년 여름, 첫 책이 나오고 예상치도 못한 관심과 인사를 참 많이 받았다. 그중에 수목원 동료들이 건넨 어떤 말들이 내 마음에 오래 머물렀다. "그간 지나치기만 했던 연구 부서의 일들을 책을 통해 제대로 알게 되었네요. 고생 많으십니다" "책에서 말한 '초록 노동자'라는 표현이 제게도 참 와닿았습니다. 큰 위로가 되더군요" "우리 애가 책 보고 수목원에서 일하고 싶다고 하네요. 고마워요"와 같은 온기를 품은 희망찬 말들.

　그 따뜻한 격려에 힘입어 평가회 보고 준비를 더 야무지게 할 수 있었다. 혹여나 누군가에게 선택받지 못할지라도 나의 과제를 어떤 방식으로든 묵묵히 밀고 나가야겠다는, 그래서 식물의 말을 사람의 언어로 옮기는 이 초록의 일을 외면하지 않겠다는 의지를 굳게 담아서. 그러는 동안에 겨울이 내 앞에 바짝 다가왔다.

함께여서 가능한

내가 아는 어느 동물학자

　식물을 조사하다가 야생동물의 흔적을 자주 본다. 그러면 나는 그냥 지나치지 못하고 냅다 찍어서 한 동물학자에게 문자를 보낸다.
　"박사님, 구룡산에서 태백산으로 넘어가는 길인데, 이거 누구 똥이죠?"
　"오소리네요."
　"우와, 이 녀석 벚나무 열매를 많이도 먹네요."
　"맞아요. 그 친구들 요즘 잘 익은 버찌 신나게 먹고 다닐 때예요."
　반대로 그는 내게 이런 문자를 보낸다.
　"담비 배설물에서 나온 건데, 무슨 열매의 씨앗인지 구분이 되나요?"
　"다래네요. 담비도 저처럼 다래 좋아하나 봐요. 달아서 이름도 '다래'. 지금 한창 맛있을 때죠."

내가 말하는 그는 우동걸 박사다. 자신을 '현장 과학자'라고 소개하는 우 박사는 한강 변의 삵과 너구리, 백두대간의 담비를 주제로 학위를 받고 지금은 경북 영양에 있는 멸종위기종복원센터에서 관련 연구들을 이어가고 있다. 현장 연구로 치면 나도 웬만한 학자들 다 제칠 거라고 은근히 자부하는 편인데 우 박사는 좀 세다. 나의 경우 그곳이 어디든 뿌리 내리고 사는 식물의 자리를 반복해서 찾아가면 되지만, 그는 동물의 행적을 따라 여기저기 옮겨 다니며 관찰해야 한다. 야행성 동물을 쫓아서 잠복하느라 산에서 밤을 보내는 날도 많다고 들었다. 우 박사는 야생동물이 차에 치여 죽는 현실을 심각하게 고민하더니 2021년 가을에 『숲에서 태어나 길 위에 서다』라는 책을 냈다. 한국에서만 매년 약 200만 마리의 야생동물이 길 위에서 죽는다고 한다. 우 박사는 책을 통해 자신이 하나하나 이름을 붙여서 관찰하던 야생동물들을 다정하게 소개하고 그들 앞에 닥친 '로드킬'의 비극을 기록하면서 사람과 동물이 어떻게 공존해야 하는지에 대해 단호하게 말한다. 가장 중요한 건 안전 운전이고, 도로 위 사체를 발견하면 2차 피해를 막기 위해 110으로 신고해야 하며, 무엇보다 로드킬 문제에 대한 꾸준한 사회적 관심과 저감 조치 확대가 필요하다고.

식물과 동물이라는 차이만 있지 그와 나는 서로 비슷한 연구를 한다. 현장에서 한두 번 스치던 우 박사와 제대로 아는 사이가 된 건 바람재에서 합동 조사를 하게 되면서다.

바람재는 경북 김천과 충북 영동을 잇는 고개다. 해발고도 800미터가 넘는 바람재는 그보다 훨씬 더 높은 산들에 둘러싸여 있어서 편서풍이나 북서 계절풍이 통과할 때 바람이 유독 세게 분다. 그래서 예로부터 바람재 또는 풍령風嶺이라 불렸다. 1970년대에 바람재 동쪽 봉우리를 싹 밀고 군부대가 들어섰다가 부대는 철수하고 2000년대 이후까지 폐허만이 흉물스레 남아 있었다. 그 산정이 깎여 나가기 전에 얼마나 건강했고 아름다웠는지를 알기에, 정부가 나서서 '생태복원'을 했다. 그로부터 거의 10년이 지난 2019년에 그곳의 자연이 어느 정도 회복되었는지를 점검하는 합동 조사가 열렸다. 식물을 조사하는 나와 동물을 조사하는 우 박사는 그렇게 바람재에서 만났다. 조사는 몇 달에 걸쳐 이어졌다. 나는 바람재에 다시 정착해서 살게 된 식물 400여 종의 이름을 수첩에 빼곡하게 적었다. 그는 백두대간을 따라 활동하는 대표 포유류 열한 종의 흔적을 찾았다. 복원하고 10년이 지나자 바람재가 폐허로 방치되던 때보다 더 다양한 식물과 동물을 품게 된 거다.

　어쩌다 전문가 자문이 필요하다고 불려 간 자리에서 우 박사를 만나기도 했다. 충북 괴산과 경북 문경의 경계, 백두대간의 중심부와도 같은 이화령을 관통하는 직선 철도인 이천-문경 중부내륙철도 건설 현장에서 한 번, 경북 봉화와 울진을 연결하는 구불구불한 36번 국도를 두고 직선으로 새로운 고가도로를 만들던 현장에서 또 한 번. 우리는 개발 행위가 환경에 어떤 영향을 미치는지 의견을 말해야 했다. 그와 나는 개발이 인간한테는 더없는 편리를 주겠지만 그곳에 살던 동식물은 터전을 잃게 될 것이라고 동시에 우려를 표했다. 같이 살 길을 찾아야 한다고, 동물들이 다닐 생태통로도 함께 만들어야 한다고 우 박사가 말했고, 멸종위기 식물들의 서식지를 어쩔 수 없이 훼손하게 된다면 그들이 다른 곳에서 삶을 이어나갈 수 있도록 '대체서식지'를 만들어줘야 한다고 내가 말했다. 우 박사와 나는 모니터링을 통해 생태통로와 대체서식지를 꾸준히 점검해야 한다고 같은 의견을 냈다.

　그를 특히 자주 보게 된 건 산불 피해지에서다. 2022년 울진 일대에 일어난 산불로 서울 면적의 3분의 1이 잿더미가 되었다. 국립백두대간수목원에서 산불 피해지 합동 조사단을 꾸렸다. 나는 식물 팀을 맡아서 울진에 있는 응봉산을 중심으로 피해 현황을 조사했다. 응봉산은 다양한 희귀식물이 많아서 보호 구역으로 지정된 곳이기도 하다. 우 박사는 동물의 피해 현황을 살피면서 멸종위기종인 산양의 집단 서식지를 자세히 조사했다. 응봉산 정상을 중심으로 동서남북으로 오르락내리락하며 피해 현황을 살피는 동안에 동물 팀을 여러 번 만났다.

"식물은 좀 어때요?"

"피해가 만만치 않네요. 특히 키가 작게 자라는 희귀식물 꼬리진달래 군락지가 너무 많이 탔어요. 동물들은 무사히 피난했나요? 근방 식물이 다 타서 동물들은 이제 뭐 먹어요?"

나는 걱정스레 되물었다.

"아직 사체가 발견되지 않았으니 대피했을 거라고 믿어야죠. 조사하면서 먹이도 같이 놓고 있어요."

우리 조사단은 동식물의 피해 현황을 정확하게 기록하고 그들이 숲으로 다시 돌아올 기미가 보이는지 집요하게 모니터링했다. 어떤 노력을 하면 숲이 원래의 모습을 되찾기까지의 시간을 조금이라도 줄일 수 있을지 몇 달에 걸쳐 고민했다. 그러다 보니 산불이 할퀴고 간 자리의 잿빛을 녹빛으로 되돌리기 위한 복원 계획을 연말에 내놓게

산불이 나기 전 건강하게 살던 꼬리진달래(위)와 산불이 지나간 자리의 꼬리진달래(아래). 울진 산불 피해지는 희귀식물 꼬리진달래와 멸종위기 동물 산양의 집단 서식지다.

되었다. 그 보고회 자리에서 우 박사를 다시 만났다.

"산양이 돌아왔어요. 아주 조금이지만 그래도 희망이 보여요. 다행이죠."

소식을 전하는 그의 얼굴에 미소가 비쳤다.

보고회가 끝나고 같이 수목원을 좀 걸었고, 주차장까지 그를 배웅했다.

"화물칸이 큰 왜건으로 차를 바꾸었어요. 동물들 시간에 맞추다 보니 차에서 먹고 자는 게 편해서요."

야생동물의 똥과 흔적을 찾아 고개를 푹 숙이고 다니느라 거북목이 되었다고 자평하는 사람. 생각하는 시간이 긴 건지 원래 말수가 적은 건지 어딘가 모르게 어눌하다가도 동물 이야기만 시작하면 또랑또랑 빛나는 사람. 아름다운 자연을 더 아름답게 보고 소중한 생명을 더 소중하게 생각하는 사람. 아차, 그러고 보니 그분께 아직 새해 인사를 못 전했다.

우 박사님, 올해도 여전히 사랑하는 동물들과 추억 많이 만드시길요.

고양이가 사랑한 식물

고향에 계신 엄마가 바리바리 싸준 보따리에서 묵나물 뭉치가 나왔다. 고사리는 알겠는데 다른 하나는 뭔지 분간이 안 가서 서너 시간 물에 불렸다. 펼쳐진 잎을 보니 다래 순이다. 다래 순은 새순을 따는 것도 일이지만 삶은 잎을 한 장 한 장 반듯하게 펴서 말리는 게 보통 일이 아니다. 엄마에게 전화를 거니 그걸 네가 어찌 아느냐며 기특해하는 눈치다. 그러면서 다래 순은 삶아서 물기 꼭 짜고 들기름과 간장만 넣고 볶아서 다가오는 정월보름에 먹으라고 당부한다. 취나물은 특유의 향이 센 편인데 다래 순은 순하고 부드럽다. 고사리는 육질이 강한데 다래 순은 육질과 섬유질이 반반이다. 어느 한쪽으로 기울거나 치우치지 않은 것을 나는 이 나물의 가장 큰 매력으로 본다.

다래는 억센 덩굴나무다. 겨울에는 말라 죽은 것처

럼 보이는데 봄이 오면 줄줄이 연결된 줄기에서 새순을 톡톡 밀어낸다. 곡우쯤이 다래 순 따기 좋은 시기다. 나물로만 좋던가. 다래는 고로쇠나무 못지않게 수액도 좋다. 다른 나무를 감고 올라가서 정복하는 힘은 또 얼마나 센지. 무엇보다 열매가 일품이다. 얼마나 달면 이름도 달다는 뜻의 다래가 되었을까. 열매로 술을 담거나 잼을 만들어 먹으면 정말 맛있다. 어릴 때 아버지는 이게 토종 키위라며 깊은 산에서 따 온 다래를 손으로 닦아서 내 입에 넣어주곤 했다.

우리가 사 먹는 키위의 원종은 중국에 있다. 1904년 뉴질랜드 선교사가 후베이성 이창에서 중국다래 씨앗을 채집해 가져가서 개량한 게 키위다. 처음에는 '차이니스 구스베리'라고 부르다가 외국으로 수출하게 되면서 뉴질랜드의 상징과도 같은 '키위'라는 이름을 쓰기 시작했다. 열매가 새의 알을 닮았고 열매 표면의 보송보송한 털이 키위새와 비슷해서 붙은 이름이다.

다래는 한반도 전역에 정말 많이 산다. 식물 조사하러 산에 들어가보면 다래가 없는 숲을 찾기가 힘들 정도다. 키위와 같은 혈통이라서 그 비슷한 맛이 나고 열매 모양도 키위를 빼닮았다. 형제 식물인 개다래와 쥐다래도 한반도 전역에 산다.

개다래는 약성이 있기 때문에 열매가 좀 쓴 편이다. 단백질, 유기산, 비타민 A와 C, P 등의 성분도 지녔다. 개다래는 꽃이 참 예쁘다. 매화를 닮았다. 그런데 정작 꽃이 피어도 잎에 가려서 잘 안 보인다. 그래서 개다래는 개화기에 꽃 주변의 잎 일부를 페인트로 칠한 것처럼 하얗게 바꾼다. 곤충에게 알리려고 변신을 시도하는 것이다. 여기 꽃이 있으니 오라는 것이다. 다가가면 향기가 곤충을 꽃의 내부로 안내한다. 그러다가 열매가 맺힐 무렵에 잎은 초록을 되찾는다. 달콤한 다래가 달릴 자리에 더러 해괴한 덩어리가 생기기도 한다. 곤충이 알을 낳거나 기생하여 생긴 덩어리, 충영蟲瘿이다.

사람보다 고양이가 개다래를 더 좋아한다. 아니, 격하게 반응한다. 고양이가 좋아하는 식물로 캣닢(개박하)이 유명하지만 효능은 개다래가 더 좋다. 개다래를 만나면 고양이는 다가가서 비비고 핥고 침을 흘린다. 개다래에 있는 네페탈락톤이라고 하는 신비한 성분 때문이다. 최근 발표된 연구에서는 그 성분이 모기를 비롯한 여러 감염 매개충으로부터 고양이를 지킬 수 있다고 한다. 그렇다고 모든 고양이가 개다래에 반응하는 건 아니라고 더 최근 연구는 말한다. 개다래뿐만 아니라 네페탈락톤이 든 다른 식물을 동시에 고양이 앞에 놓아보면 저마다

개다래잎(위)과 쥐다래잎(아래). 개다래는 꽃이 필 무렵 잎이 하얗게 변한다. 그 위치에 꽃이 있다는 것을 곤충에게 알리기 위한 전략이다. 쥐다래는 꽃이 필 무렵 잎이 하얀색과 분홍색으로 바뀐다. 알록달록한 모습이 인상적이라 서양에서 정원 식물로 사랑받는다.

취향이 있다는 걸 알게 된다는 것이다.

쥐다래는 서양의 정원에서 사랑받는 식물이다. 정원사들은 혹한을 견디는 쥐다래의 내한성을 특히 높이 평가한다. 쥐다래는 잎이 하얗게도 바뀌고 분홍색으로도 바뀐다. 매화를 닮은 하얀 꽃이 향기를 풍기고, 분홍색 하트 모양 잎이 눈길을 사로잡고, 새콤달콤한 열매가 맛에 대한 감각을 자극하니 정원에 들이기에 딱 좋다. 그래서 영국의 식물분류학자 찰스 마리스는 일찍이 1878년에 일본 삿포로에서 채집한 쥐다래를 고국으로 가져갔다. 그 후 쥐다래의 다양한 품종이 개발되어 전 세계 정원으로 퍼졌다.

우리나라 남서해안 섬 지역과 제주도에는 섬다래가 드물게 산다. 섬다래는 그보다 더 남쪽에 넓게 퍼져 사는 남방식물이다. 서해의 먼 섬 가거도에서 섬다래를 처음 보고는 키위를 너무 닮아서 깜짝 놀란 기억이 있다. 섬다래로 새로운 토종 키위를 만들어도 좋겠다는 생각도 했다. 국내에서 다래를 재배하는 규모는 약 30헥타르 정도로 다른 작물에 비하면 그리 넓지 않은 편이다. 전 세계 다래 시장이 계속해서 커지는 만큼 국내 재배 농가도 늘 것이라는 전망이 있다. 실제로 우리 땅에 자라는 다래로 신품종 키위를 개발하는 연구는 꾸준히 늘고 있다고 한다. 청가람, 새한, 해연, 달애별……. 몇 해 전에 나왔다고 하는 우리 다래 품종의 이름이 유독 새콤달콤하게 들린다.

봉화 숲해설가협회

경북 봉화의 숲해설가협회에서는 매달 '숲 아카데미'라는 걸 연다. 10년 가까이 다양한 분야의 강사를 초청해서 열리는 강좌다. 올해 마지막 수업으로 강의를 한 번 더 해줄 수 있겠냐고 담당자로부터 연락이 왔다. 지난 가을에 내 강의를 들으며 반짝반짝 눈을 빛내던 얼굴들이 떠올랐다. 나는 12월 둘째 주 어느 저녁에 두 번째로 그분들을 만나러 갔다.

이 강좌의 수강생 대부분이 나의 부모님처럼 연세가 지긋한 분들이다. 그분들 중에는 이상을 선생님이 계셨다. 국립백두대간수목원에 와서 내가 처음 기획한 연구 프로젝트는 봉화군의 자생식물을 밝히는 거였다. 군 면적의 80퍼센트 이상이 산지인 경북 봉화에는 자그마치 마흔다섯 개의 산이 있다. 그 산을 해마다 열다섯 개씩 3년간 조사했다. 봉화군의 예산을 지원받아 연구 보조원을 채용하게 되었는데, 그때 산림공무원으로 일하던 이상을 선생님을 만났다. 선생님은 봉화의 산길을 훤히 꿰뚫고 있었고, 봉화의 마을과 골짜기 곳곳에 깃든 오래된 사연을 누구보다 잘 알고 있었다. 선생님은 평소처럼 식물 앞에서도 한결같이 겸손한 분이어서 정말 본받고 싶은 어른이다.

나는 봉화에서 저절로 자라는 식물 중에 지역 농가에서 키우면 도움이 될 만한 수종을 선별해서 제안했다. 그중 실제로 대규모 재배가 가능한 대표 종을 선정해서 씨앗을 키우고 재배하는 기술을 지역민들에게 알렸다. 수목원은 그분들이 직접 심어 기른 식물들로 해마다 여름과 가을에 '봉화 자생꽃 축제'를 열게 되었다. 산이 깊은 만큼 골짜기마다 약재가 되는 식물이 눈에 많이 보였다. 약용식물 재배 농가에 도움이 되었으면 하는 마음으로 백작약과 참당귀와 천남성 같은 식물들을 찾아서 꼼꼼하게 기록했고, 그들을 묶어 봉화에서 자생하는 약용식물 100종에 대한 목록집을 발간했다. 그러한 약용식물 중에는 먼 과거부터 너무 오랜 시간 채취되다 보니 자연에서는 멸종의 위기에 처한 경우도 있기에, 별도의 보호가 필요한 종들을 따로 골라 『백두대간 봉화군의 보호식물』이라는 책을 엮기도 했다.

그렇게 지난 몇 년간 봉화의 산들을 헤매며 만난 식물 이야기가 그날의 강의 주제였다. 수업을 듣던 몇몇 선생님들께서는 어디 어디 길이 좋다며 낙동강 굽이길과 외씨버선길과 금강송숲길 등 봉화의 멋진 길 자랑을 아낌없이 했다. 나는 이 무렵 관찰하기 좋은 식물의 겨울눈에 대한 이야기를 어르신들 앞에 펼쳐드렸다. 어떤 선생님께서는 당신이 맡은 숲 해설 시간에 겨울눈 단면을 잘라 관찰했더니 히어리 꽃눈이 벌써 이렇게 꽉 찼더라며 직접 찍은 사진을 보여주셨다.

수업 후에 숲해설가협회의 한 해를 결산하는 정기총회가 곧장 이어졌다. 이상을 선생님이 따뜻한 차 한 잔 마시고 가야 한다며 나를 붙잡는 바람에 뜻밖의 시간을 함께 보내게 되었다. 마치 송년회에 초대받은 느낌이었다.

회의는 올해 좋았던 점과 개선할 점 등을 기탄없이 말하면서 진행되었다. 서로에 대한 신뢰가 어느 정도 두터운지 가늠이 되었다. 봉화 숲해설가협회는 정말 많은 일을 하고 있었다. 누가 시키지도 않은 일인데 지역의 숲과 나무를 조사하고, 숲을 체험할 수 있는 다양한 봉사활동을 계획해 꾸준히 이어가겠다고 입을 모아 말했다. 그 와중에 내 강의를 정기적으로 들었으면 좋겠다는 의견이

나왔다. 순간 내 머릿속에는 내년에 해야 할 업무들과 써야 할 원고들과 만나야 할 식물들이 두둥실 떠올랐다. 나는 긍정도 부정도 하지 않은 채 그 순간이 어물쩍 넘어가기만을 바랐다.

그러자 한 선생님께서 내 앞에 놓인 찻잔을 가리키며 그게 '와이로'라고 흐뭇하게 웃는 게 아닌가. 멀뚱멀뚱 영문을 모르겠다는 표정을 하고 있으니 그 선생님은 '와이로'가 뇌물을 뜻하는 일본어라고 알고 있지만 이런 이야기도 있다고 하면서 검지를 들어 공중에 한자 '와이로蛙利鷺'를 또박또박 적으며 설명했다. 꾀꼬리와 까치 중 누가 노래를 더 잘하는지 결정해달라고 백로를 심판으로 세웠는데 백로가 노래 실력을 평가하기보다는 자기가 좋아하는 개구리를 잡아준 까치의 편을 들었다는 이야기. 와이로가 어느 나라 말인지는 정확히 몰라도 내 앞에 놓인 차는 확실히 나에게 미리 건네는 뇌물, 즉 와이로라는 것이었다. 그러자 여러 선생님들이 맞다고 어린아이들처럼 손뼉을 치며 너나없이 해사하게 웃는 게 아닌가. 내 앞에 놓인 산국 차에 든 마른 꽃이 한겨울에 맑고 깨끗하게 피어나고 있었다.

그날의 수업 자료를 공유해달라는 요청이 있어서 봉화 숲해설가협회 블로그에 접속했다. 10년 전과 그대로 변함없이 운영되는 블로그라니, 신기하면서도 재밌었다. 한편으로는 자리를 지켜줘서 고맙다는 마음이 들었다. 블로그 대문에 신영복 선생의 산문집 『더불어숲』에 등장하는 유명한 글귀가 적혀 있었다. "나무가 나무에게 말했습니다. 우리 더불어 숲이 되어 지키자." 경상도의 깊은 산골짜기 봉화의 숲이, 산이, 자연이 특히 아름다운 이유를 알 것도 같았다.

고요한 숲의 공명

악기가 되는 나무들이 있다. 그랜드피아노 한 대에는 여러 종류의 나무가 들어간다. 향판은 울림이 좋은 가문비나무, 금속 현을 단단하게 잡아주는 부분은 너도밤나무, 다리는 튼튼한 참나무, 흰건반과 검은건반은 결이 부드러운 목재 중에 색을 고려해서 각각 피나무와 흑단나무를 쓰는 편이다.

세계적으로 30여 종의 가문비나무가 모여 가문비나무속이라는 가계를 이룬다. 모두 북반구가 터전이다. 가문비나무의 분포를 알면 어떤 나무가 그 지방의 악기가 됐는지를 헤아릴 수 있다. 이를테면 노르웨이, 독일, 이탈리아 등 유럽에서는 독일가문비나무가, 북미에서는 시트카가문비나무가, 동아시아에서는 가문비나무가 현악기의 재료가 됐다. 일본 홋카이도와 러시아의 사할린, 소수민족 아이누족이 사는 쿠릴열도 등지에서는 주변에 널리 자라는 가문비나무로 집도 짓고 배도 만들고 현악기인 톤코리도 만들었다.

한반도 이북에는 가문비나무가 왕성하게 퍼져 있지만 비교적 남쪽 지방에 해당하는 국내에서는 근근이 살아간다. 몇 해 전에 나는 백두산 중국령에 가문비나무 자생지를 조사하러 갔다가 광활하게 펼쳐진 군락지 풍경에 압도됐다. 독일가문비나무가 빼곡하게 들어찬 노르웨이 숲에 온 것만 같은 착각도 들었다.

노르웨이에서 가장 아름다운 곳 중 하나로 손꼽히는 트롤스티겐은 '요정의 길'이라는 뜻을 지닌 피오르해안이다. 빙하의 침식으로 만들어진 골짜기에 빙하가 없어진 뒤 바닷물이 들어와서 생긴 좁고 긴 만이다. 그곳에 거대한 독일가문비나무 숲이 찬란하게 펼쳐진다. 임학자 임경빈 교수는 독일가문비나무는 노르웨이에서 봐야 실감이 난다고 했다. 지금은 돌아가셨지만 1961년 봄에 노르웨이를 방문하고 다음과 같은 기록을 남겼다. "오슬로시는 독일가문비나무 숲속에 싸여 있었다. 얼마나 아름다운 나무들인가? 독일가문비나무는 종교적인 침묵과 사색, 명상, 그리고 고요함을 담고 있다. 그러한 나무숲 안

에 살고 있다는 게 얼마나 영광스러운 일인가?"◆

우리나라에서도 독일가문비나무 숲을 만날 수 있다. 덕유산자연휴양림 골짜기에는 독일가문비나무 150여 그루가 모여 사는 울창한 숲이 있다. 1931년에 심은 묘목이 커서 지금의 고목이 됐다. 나무둥치 지름이 80센티미터가 넘고 높이는 30미터에 이른다. 덕유산자연휴양림 골짜기는 그러한 가치를 인정받아 산림유전자원보호구역으로 지정됐다. 일제강점기를 통과하며 국내 곳곳에 독일가문비나무를 조경수로 심었기 때문에 청와대와 경희궁 등 서울 시내에도 고목이 산다.

하지만 국내에 자생하는 가문비나무의 상황은 애처롭다. 기후 위기로 인해 가문비나무는 전보다 살기 어려운 환경에 놓였다. 사람 손을 타지 않고 그들 스스로 살 수 있는 곳은 계방산과 소백산, 덕유산, 지리산이 전부다. 그 네 곳에서도 쑥쑥 커가는 개체는 잘 안 보이고 쇠약해져 말라 죽어가는 개체가 더 눈에 들어온다. 그렇다고 별안간 떼죽음을 당하고 있는 건 또 아니다. 사실 가문비나무가 빠르게 사라진 건 기후 위기보다 인간의 과도한 개발 활동 때문이다. 가문비나무가 자라는 곳은 백두대간

◆ 임경빈, 『이야기가 있는 나무백과 1』, 서울대학교출판문화원, 2019, 228쪽.

계방산 정상 부근에 사는 가문비나무. 한겨울에도 독야청청 푸르다.

1500미터 산정 중에서도 특히 눈이 잘 녹지 않는 장소다. 그간의 스키장 건설로 가문비나무 군락지가 너무 쉽게 없어졌다. 그나마 참사를 면한 개체가 남아 지금의 가문비나무 군락지를 가까스로 유지하는 셈이다.

    관악기와 타악기, 현악기로 다시 태어나 살아 있을 때보다 더 오래 살기도 하는 나무들을 음향목Tonewood이라고 부른다. 현악기 제작자 마틴 슐레스케는 그의 저서 『가문비나무의 노래』에서 바이올린의 공명판으로는 음향목 중에 가문비나무가 최고라고 말한다. 그 책에서 나는 대대로 바이올린을 만들어온 가문에는 '노래하는 나무'를 찾아낼 줄 아는 그들만의 비법이 있다는 내용을 인상 깊게 읽었다. 산속 계곡에서 나무를 뗏목으로 묶어 나르던 때, 물살이 센 곳에 이르면 나무둥치들이 서로 부딪혀 소리가 나는데, 그 순간 귀를 기울여 청명한 울림을 내는 나무를 가려냈다고 한다. 노래하는 나무가 될 만한 재목은 만 그루 중 한 그루가 될까 말까 해서 재목을 고르는 일은 인내가 필요한 모험이라고도 한다. 장인의 손에서 바이올린으로 다시 태어난 나무는 숲에서는 감히 상상하지도 못할 울림을 사후에 내게 된다는 것이 마틴 슐레스케의 말이다.

식물학자와 음향학자들은 독일가문비나무가 바이올린의 쨍한 음향을 내는 데 적합한 이유가 나이테에 있다고 평가한다. 다시 말해 세포 구조가 규칙적이고 촘촘해서 공명이 좋고 여음이 길며 높은 음역에 잘 반응하기 때문이라는 것이다. 그렇다고 한 대의 바이올린을 독일가문비나무 단 한 종으로만 만드는 건 아니다. 바이올린의 앞판은 보통 독일가문비나무를 쓰고 뒤판은 독일가문비나무와 마찬가지로 북유럽에 자생하는 단풍나무 종류인 개버즘단풍나무를 쓴다는 것을 학부 전공 시간에 배웠다.

우리 전통악기 가야금과 거문고를 만든 선조들 또한 나무의 소리를 먼저 들었다. 오동나무가 30년에서 50년 정도 되면 똑똑 나무를 두드려보면서 재목을 고르고 골랐다. 선별된 오동나무의 결을 다듬고 판의 표면을 인두로 지지고 잣기름으로 자르르하게 윤기를 더했다. 그렇게 장인의 손을 거쳐 공명통으로 다시 태어난 오동나무는 명주실 현을 받아들이며 노래하는 나무가 되어 더 오래 살게 된다.

　북유럽 명인들이 바이올린 만들 때 쓰는 독일가문비나무를 유럽에서는 노르웨이가문비나무라고 부른다. 우리는 좀 잘못 쓰고 있다. 과거 일본 사람이 독일에 가서 이 나무를 가져와 우리나라에 심었기 때문에 독일가문비나무라고 부르게 된 것이다.

　노르웨이의 숲은 독일가문비나무의 숲이라고 해도 과언이 아닐 것이다. 독일가문비나무는 북극의 빙하와 만년설을 가까이 두었거나 눈이 많이 오는 곳에서 가지를 아래로 축 늘어뜨린 모습으로 산다. 그건 눈이 금세 쌓이는 고장에서 고개를 빳빳이 세웠다간 우지끈 부러지기 쉽다는 걸 독일가문비나무 스스로 일찍 터득했기 때문이다. 독일가문비나무가 가지나 열매를 아래로 한껏 드리운 채 사는 모습은 그들을 같은 혈통의 다른 나무들과 구분하는 특징이 된다.

경북 김천의 어느 국도 변에서 만난 독일가문비나무의 가지와 잎과 열매.

나무의 나이테는 진실하다. 자란 환경을 고스란히 비추기 때문이다. 봄철 온화한 때 나무는 빨리 큰다. 이때 생성된 세포는 막이 얇고 모양이 크다. 이 시기에 창조된 나이테 부분을 춘재春材라고 한다. 1년을 놓고 볼 때 먼저 형성됐다고 조재早材라고도 부른다. 색은 연하고 재질은 부드러우며 무르다. 반대로 생장이 더뎌지는 가을과 겨울에 만들어진 부분을 추재秋材 또는 만재晩材라고 한다. 세포의 막이 굵고 모양이 작아 색이 짙게 보인다. 재질은 치밀하고 단단하다. 사계절이 뚜렷한 곳에서 나무에 새겨진 춘재와 추재는 그 경계가 뚜렷하지 않은 곳에서 만들어진 것보다 훨씬 선명하다. 춘재와 추재를 묶어서 하나의 연륜이라고 한다. 그리하여 나무를 자른 면에 나타나는 그 둥근 테를 헤아리면 나무의 나이를 알 수 있다.

세계적인 명품 바이올린 가운데 '스트라디바리우스'가 있다. 그걸 만든 이탈리아 명인 안토니오 스트라디바리1644~1737의 이름을 딴 것이다. 악기 제조 기술은 첨단을 걷고 있으나 300여 년이 지나도록 스트라디바리우스를 뛰어넘는 바이올린은 나오지 않는다고 한다. 자연이 만든 재목과 천재의 기술이 딱 맞아떨어진 타이밍은 그때뿐이었다고.

나무의 나이테를 통해 과거의 자연환경과 기후변화 등을 밝히는 연륜연대학자들은 1650년부터 1710년 사이 태양활동이 감소했다고 본다. 북반구 대부분 지역의 기온이 급격히 떨어져서 그 시기를 '소빙하기'라고 한다. 고산의 빙하가 계곡을 타고 농지까지 확장됐다. 영국 템스강과 네덜란드의 운하가 얼어붙었다. 이상기온으로 유럽 전역에 가뭄이 이어졌고 가뭄 끝에 갑자기 내린 폭우는 마을과 논밭을 덮쳤다. 우리나라는 조선 현종 재위 기간인 1670년(경술년) 무렵 조선 팔도가 빠짐없이 흉작이었다. 『조선왕조실록』에 '경신대기근'으로 기록될 정도로 많은 사람이 굶어 죽었다.

일찍이 학자들은 그 시기 알프스산맥 수목한계선에서 자란 가문비나무를 천재 제작자 스트라디바리가 알아보고 고르고 골라 명품 현악기를 만들었노라고 밝혔다. 소빙하기에 고지대의 혹독한 환경에서 느리게 자란 독일 가문비나무는 나이테 간격이 빽빽하고 나뭇결의 밀도는 높아 공명에 적합한 음향목이 됐던 것이다. 지구 평균기온은 안타깝게도 그 이후로 꾸준히 상승했다. 별난 기술이 나올지라도 소빙하기에 자란 목질의 나무는 나올 수 없게 돼버렸다.

스트라디바리의 손에서 명품 악기가 탄생하던 그 무렵 바흐는 현악기를 위한 샤콘을 썼다. 가문비나무의 공명을 느끼기에 몹시 적확한 그 곡은 슬픔과 분노와 자멸과 포기와 망각과 때로는 온유와 평화와 같은 감정을 교차로 불러일으키며 내게 전율을 일으킨다. 특히 10여 년 전 바이올리니스트 정경화가 명동성당 대성전 중간 통로에 홀로 우뚝 서서 했던 연주는 언제 들어도 오스스 소름이 돋는다. 가문비나무가 다 같이 모여 부르는 추모곡 같다. 아니, 가문비나무가 저승에서 쓸쓸히 추는 군무 같다. 장인의 손에서 악기로 다시 태어난 나무가 그의 결을 제대로 읽을 줄 아는 연주자를 만났을 때 온몸으로 부르짖는 그 공명!

　공명共鳴은 물리학에서 외력에 의한 진동을 의미한다. 무지막지한 힘의 작용이 아니라 박자에 맞춘 반응을 뜻한다. 바이올린 활로 현을 긁어 진동을 일으키면 그 소리가 공명통에 닿아 더 큰 울림으로 퍼져나가는 현상. 그렇다면 누군가의 사상이나 행동에 공감해 따르는 것 또한 공명 아닐까. 어떤 사람의 자비로운 마음이 파장을 일으켜 주변을 온통 자비로운 기운으로 바꾸는 일이야말로 업業이며 깊은 울림일 것이라고, 자꾸만 더 짙어지는 유월의 가문비나무 숲은 내게 공명한다.

호야와 두봉 주교님

모든 피조물은 저와 비슷한 존재를 사랑하고
모든 인간은 제 이웃을 사랑한다. (집회서: 13장 15절)

나는 애써 식물을 키우지 않는다. 어떤 식물을 곁에서 보고 싶으면 그 식물이 사는 자리를 내가 찾아가면 되니까. 한편으로는 다른 속내도 있다. 내 개인 공간에 나 아닌 생명체를 들일 엄두가 안 나는 마음. 그런데 내 사주팔자에는 없을 거라 여긴 식물 하나가 어느 날 피할 수 없는 운명처럼 나를 찾아왔다.

주교님 댁의 창이 큰 거실에 한낮의 볕이 쏟아져 들어오던 초가을 날이었다. 두봉 주교님은 당신이 키우던 화분 하나를 거의 맡기다시피 하며 내게 안겨주셨다.

"호야네요."

나는 얼결에 화분을 받으며 반사적으로 이름을 말했

다. 지금 내가 건네받은 식물이 호야라서 그나마 다행이라는 생각을 그 짧은 순간에 하면서.

"아, 그 식물 이름이 호야예요? 하하하."

두봉 주교님은 자주 웃으시고 크게 웃으신다. 주교님 옆에 있다 보면 덩달아 행복해진다. 덩달아 사랑에 빠지는 느낌이 들 때도 있다.

"하느님의 사랑은 식물에도 공평하게 깃들어 있어요. 아름답죠. 참으로 오묘하죠."

이렇게 말하는 1929년생 노인이 참 말도 안 되게 맑고 생기롭다. 두봉 주교님은 프랑스 사람이다. 1954년, 스물다섯에 한국에 왔다.

"배를 타고 왔어요. 두 달이 넘게 걸렸어요. 비행기는커녕 한국으로 곧장 오는 배도 없었어요. 프랑스 마르세유에서 출발한 배가 일본 요코하마까지 한 달, 요코하마에 도착했는데 당장 한국행 배가 없어 3주를 더 기다렸다가 어느 화물선이 인천으로 간다고 해서 탔어요. 그런데 인천으로 한 번에 가는 게 아니라 경남 마산과 부산을 들렀다가 다시 일본 오키나와를 돌아 인천에 도착하더군요. 그때가 12월 중순이었는데 너무 추웠던 기억이 납니다."

호야도 타국으로 가던 맨 처음에는 배를 오래 탔

을 것이다. 호야는 동남아시아가 고향인 열대식물이다. 18세기 후반에 동인도회사를 기지로 삼아 아시아 식물 탐사에 나선 유럽 학자들에게 발견되어 영국으로 건너갔다. 영국 북부 노섬벌랜드에서 호야를 연구하고 널리 알린 정원사이자 식물학자 토마스 호이Thomas Hoy, 1750~1822를 기리며 붙은 식물학적 속명屬名이 호야Hoya다.

"내 이름은 산봉우리에서 노래하는 두견새라는 뜻, 두봉杜峰이에요. 프랑스 이름은 르네 뒤퐁Rene Dupont인데 한국식 발음에 맞게 지었어요. 무슨 비누 이름이랑 같은 거 아니냐고 물어보는 경우가 종종 있어요. 하하하."

우리 땅에 정착한 지 65년째 되던 2019년에 주교님은 한국 국적을 얻었다. 지금은 경북 의성군 봉양면에서 혼자 사신다. 대문에 '두봉 천주교회'라고 적힌 집이다.

주교님께 들었다. 전쟁이 끝난 직후 한국은 참 가난했다고. 건물이고 뭐고 부서지고 망가진 게 많았다고. 너무 많은 사람이 군복을 입고 다녔다고. 한국에 도착한 이듬해 대전 대흥동 성당에서 보좌신부가 된 이후 10여 년간 대전에 머무셨다 했다. 그때가 한국어를 깊이 익힐 수 있던 시기이기도 했다고.

"한국말 배우기 참 어려웠습니다. 학습서에 적힌 '바둑아 이리 오렴'이라는 문장을 읽으면서 '아니, 바둑은

둘이서 바둑판을 가운데 놓고 두는 거 아닌가. 그게 어떻게 이리 올 수가 있단 말이지' 생각하고 고개를 흔들며 다시 책을 보면 그 문장 아래에 강아지 한 마리가 꼬리를 흔드는 그림이 있는 게 아니겠어요.

대전에 살 때 한번은 누가 누구를 가리키며 '어서 두봉 신부에게 사과를 드리세요' 하는 거예요. 저분이 나한테 잘못한 일이 없는데 도대체 무슨 사과를 하라는 말인가 싶어 참 난감했습니다. 어쩔 줄 몰라 당황한 표정을 하고 있는데 아니 글쎄 저기서 사과를 한 아름 갖고 오더군요."

한국어의 동음이의어를 이해하는 까다로운 과정이 지금은 멋진 위트가 되었다. 1965년에 주교님은 프랑스인을 위한 한국어 문법책을 냈다. 정확하게는 프랑스에서 한국으로 파견되는 사제와 선교사를 위한 책이다. 그 책을 주교님이 내 앞에 펼쳐 보여주셔서 나는 새로운 식물을 만난 듯이 눈을 반짝이며 탐독했다. 실생활에서 쓰는 예문들로 구성된 그야말로 너무 쓸모 있는 책이었다. 책의 서문을 국어학자 이숭녕 선생이 썼다. 그는 책에 대해 "문법학자들이 즐겨 하는 형식적인 분류와 이에 따르는 복잡한 술어의 사용을 피하고 한국어의 실제를 그대로 자료로 하여 간결하고 이해하기 쉽게 문법을 엮은 것"

ⓒ 한차연 『숲을 읽는 사람』 **마음산책**

『숲을 읽는 사람』을 쓴 허태임 저자는 경북 봉화에 위치한 국립백두대간수목원에서 식물분류학자로 일하고 있습니다. 식물분류학자 하면 왠지 조용한 연구실에 앉아 식물 표본을 들여다보는 모습이 먼저 떠오르는데요. 저자가 전하는 실제 일터의 모습은 그와 달리 인적 드문 산속에서 곰, 진드기 같은 위험을 무릅쓰며 '길이 없는 곳에서 길을 만들어내는' 모험에 가깝습니다.

저자는 광대한 자연 속에서 만난 식물들에게 이름을 붙이고 함께 우정을 나눕니다. 식물이 건넨 온기는 저자에게 흘러들었다가 그의 주위 사람들에게로 퍼져가지요. 책에는 새벽빛이 번지듯 식물과 사람이 서로에게 물드는 과정이 담겨 있습니다.

저자는 사라져가는 초목을 보전하고 훼손된 숲을 복원하는 업무를 담당하고 있습니다. 그러나 이 책을 읽다 보면, 그가 진정으로 지켜가고 있는 것은 '나'와 다른 존재를 배려하고 존중하는 마음, 미물에서 생동하는 기운을 발견하는 시선, 인간이 자연과 깊이 연결되어 있다는 감각이라는 것을 알게 됩니다. 숲의 숨결을 '읽는' 허태임 저자와 함께 초록의 목소리에 잠겨보시는 건 어떨까요.

마음산책 드림

이라고 평가했다.

주교님은 언어를 익히는 데 남다른 감각이 있다. 모국어는 프랑스어이고, 신학대학교에서는 라틴어를, 로마에서는 대학원 과정을 밟으며 이탈리아어를 익혔고 영어도 곧잘 하신다. 한국어는 당신의 또 다른 모국어다. 사제들은 매일 미사를 드리는데 주교님은 날마다 언어를 바꿔가며 미사를 드린다고 했다. 올해 초 대만에 가셨을 때 계단에서 넘어져 고관절이 부러졌고 응급수술 후 한 달이 지나서야 다시 걸을 수 있게 되어 한국으로 돌아오신 적이 있었다. 그때 집도의에게 더듬더듬 중국어로 편지를 남기고 왔다는 말씀을 듣고는 우리 주교님 참 어지간하시구나 싶었다.

"덕분에 고관절이 엉덩이의 어느 부위인지 이제는 정확히 알고 그 세 글자를 한자로도 잘 쓰게 되었어요. 하하하."

경북 의성의 주교님 댁에서 경북 봉화의 내 방―월세방에 살기 때문에 집이라고 하기 좀 그렇다―에 데려온 호야를 의자에 앉혔다. 포장마차 같은 데서 펼치는, 사방 어디에도 등받이가 없는 모양의 의자인데 금속 재질이고 묵직하다. 보통 나는 의자에 앉아 볕을 쪼이며 책을 읽는다. 읽던 책을 펼친 그대로 의자 위에 뒤집어놓고 일어나 다른 집안일을 한다. 의자 위에서 가만히 엎드린 책의 표지 위로 볕이 얼마나 내려앉았나 보면서 시간의 흐름을 가늠한다.

의자 위에서 일어나던 일들은 이제 호야 차지다. 양치식물이 무성하게 그려진 아껴둔 패브릭 포스터가 호야에게 어울릴 것 같아서 의자에 깔고 그 위에 화분을 놓았다. 호야는 본디 열대 상록활엽수림의 짙은 녹음 아래 사는 식물이라 따뜻한 곳을 좋아하지만 직사광선은 꺼리는 편이다. 볕뉘만큼은 편애할 것이다. 나는 비스듬히 비추는 광선을 좇아 눈치껏 호야의 의자를 살짝살짝 틀어준다.

햇살을 가득 머금고 있는 '호야'의 모습.

두봉 주교님의 안동 지역에서의 생활은 1969년 5월에 시작되었다. 원래 천주교 대구대교구에 속해 있던 경상북도 북부 지역 열한 개 시와 군이 안동교구로 새롭게 설정되면서 초대 주교가 되었기 때문이다. 가장 어려운 사람을 위해 일하는 게 당신의 소임이라며 주교가 되자마자 가장 먼저 이뤄낸 건 여성을 위한 교육기관 설립이었다. 학교법인 상지학원을 세우고 산하에 한국 최초의 전문대학인 상지전문학교(현 가톨릭상지대학교)와 상지여자중학교, 상지여자상업고등학교(현 상지미래경영고등학교)의 문을 열었다.

주교님은 무엇보다 농민들 속에 살며 농민 인권을 위해 무척 애쓰셨다.

"농민들이 정말 어려웠습니다. 교회는 약자를 돌봐야 합니다. 그들을 돕는 건 당연히 내가 해야 할 일이었어요."

안동에서 가톨릭농민회를 결성하고 얼마 지나지 않아 일명 '오원춘 사건'이 터졌다. 지역 농협이 불량 씨감자를 농민들에게 속여 팔자 이에 분노한 농민들이 가톨릭농민회와 연대하여 보상을 요구하며 투쟁한 사건이다. 투쟁의 주동자 격이던 농부 오원춘은 누명을 쓰게 되었고, 이를 변호하던 주교님에게 당시 박정희 정부는 우리나라를 떠나라는 강제 추방령을 내렸다. 그 소식을 들은 교황 요한 바오로 2세는 주교님과 김수환 추기경을 서둘러 바티칸으로 불렀다. 폴란드 출신의 교황은 고국에서 비슷한 사건을 겪은 적 있다며 두봉 주교님과 농민의 편을 들었다. 일이 마무리된 건 1979년 10월 26일 박정희가 사망하면서다. 그때를 회상하던 주교님은 웃음기를 거둔 진지한 얼굴로 말씀하셨다.

"폭력은 결코 양심을 앞설 수 없습니다. 두려운 건 폭력이 아니라 양심의 명령을 따르지 못하는 것이지요."

두봉 주교님은 때로 더 크게 웃거나 웃음기를 빼는 방식으로 의사를 표현하신다. 내 방 의자에 앉은 호야에게도 그런 면이 있다는 걸 알게 되었다. 방이 따뜻하고 습하면 가뜩이나 두꺼운 잎이 더욱 댕댕해서 낯꽃이 밝다. 반대로 며칠 외출을 해서 방 안 기온이 전보다 크게 내려가면 잎이 쪼그라들어 안색이 어두워진다. 무던하다고 해서 호야가 표정이 없는 건 아니다.

경북 울진과 영덕은 안동교구 관할의 어촌 지역이다. 주교님은 어민들의 먹고살 길을 열어야겠다며 그들의 자립을 도왔다. 배를 가진 선주가 어획 수입의 대부분을 가져가며 노동력을 착취하던 시절, 협동조합을 결성하고 해성호라는 어선을 만든 것이다. 1974년의 일이다.

가장 낮은 곳, 소외된 이들을 먼저 생각하는 마음은 한센인들을 위한 정착 마을과 전문병원 건립으로도 이어졌다. 원조를 요청하려 직접 해외를 순회한 덕분에 그 일이 가능했다며 주교님은 이런 말씀을 하신 적이 있다.

"내가 주교가 되었을 때 안동교구 사제는 나를 포함해서 스무 명이었어요. 그중 한국인 신부는 단 두 명뿐이었습니다. 지금 안동교구 사제는 100명 가까이 됩니다. 이제는 나만 프랑스에서 왔고 전부 한국인이에요. 우리 안동교구에서 젊은 한국인 신부를 역으로 프랑스로 파견하고 있어요. 참 잘된 일이죠. 이렇게 기쁠 수가 없어요."

호야와 살기 시작한 지 한 달쯤 되었을 때 주교님은 내가 일하는 수목원에 다녀가셨다. 기왕이면 주교님 오실 때 날씨가 맑기를 바랐는데 종일 추적추적 늦가을 비가 내렸다. 기온이 꽤 떨어진 데다 비까지 오니 체감온도는 훨씬 낮게 느껴졌다. 침엽수는 평소보다 위풍이 있었고 노랗거나 붉게 핀 국화는 저마다 잎과 대비를 이뤄 알록달록했다. 고관절을 다친 후 걷는 게 불편하신 주교님을 전기 패트롤카로 모셨다. 수목원 관람객들을 피해 이쪽저쪽으로 핸들을 돌리며 말했다.

"주교님 오시는 날 하필 날씨가 궂네요."

싱긋 웃으며 주교님은 대답하셨다.

"내가 비 오는 풍경을 볼 수 있고 나무는 웅장하고 꽃들이 이렇게 피어 있으니 아무 문제 없습니다. 이 모든 것에 감사할 뿐이지요."

같은 마음이라 다행이었다. 맑으면 맑은 대로 흐리면 흐린 대로 비나 눈이 오면 오는 대로 수목원은 다른 매력이 있다. 수목원에서는 어떤 날씨, 어느 계절이건 새로운 아름다움을 찾을 수 있는 것이다.

수목원을 둘러보며 주교님은 어릴 때 이야기를 하셨다.

"우리 아버지는 농부였어요. 꽃 농사를 지었어요. 말하자면 원예사였지요. 아버지는 배를 타고 영국에 가서 원예 기술을 배워 왔어요. 집은 늘 꽃으로 가득했지요. 수목원 풍경은 내게도 익숙합니다. 옛날 고향에서의 기억이 많이 떠올라요."

나는 생각했다. 주교님이 자란 고향 오를레앙 집에도 호야가 있지 않았을까. 동남아시아에 살던 호야는 1802년 영국으로 건너가 원예시장에서 엄청난 인기를 얻었고 주변 국가로도 그 재배 열풍이 빠르게 번졌으니.

주교님과 수목원을 둘러보며 이런저런 담소를 나누는 동안 나는 부쩍 할머니가 보고 싶어졌다. 수목원 진달래원을 지날 때 내가 말했다.

"우리 할머니는 진달래를 두견화라고 불렀어요. 살아 계신다면 주교님보다 세 살 위 누나예요. 두견새는 두견화를 좋아해서 쫓아다닌다고 할머니가 그러셨어요."

나는 할머니 손에 컸다. 그이가 가꾸던 화단과 텃밭에서 처음 식물을 배웠다. 할머니가 해주시던 옛날이야기는 지금의 그 어떤 조회수 높은 영상물보다 훨씬 재미있었다. 같은 내용도 그날그날 분위기나 어조를 달리해서 전혀 다르게 구술하는 신비한 능력이 할머니한테 있었다. 나는 결말을 다 알면서도 다시 이야기에 빠져들었다. 너무 빨리 끝나면 어쩌나 속으로 걱정하면서 최대한 천천히 말해달라고 할머니 품에 파고들며 안기던 순간이 있었다. 다 지난 일이지만 살면서 더욱 또렷해지는 어떤 것들이 있다.

내가 학부 졸업을 앞두었을 때 할머니는 아프기 시작했다. 딱히 병명이 있는 건 아니라고 부모님은 말씀하셨다. 늙어서 그런 거라고 했다. 나는 그때 직업도, 집도, 차도, 모아놓은 돈도 없었다. 요양병원에 들어가신 지 석 달 만에 할머니는 돌아가셨다. 할 수 없는 것만 많은데 왜 하필 지금이어야 하는지 나는 너무 억울했고 무한히 슬펐다. 나는 나 자신을 원망하며 엉엉 울었다.

죽음에 대해서 주교님께 몇 번 여쭌 적이 있다. 대답

은 늘 한결같았다.

"그저 오늘 아침 눈을 뜰 수 있음에, 오늘 저녁 평안히 잠들 수 있음에, 그걸 허락하신 주님께 감사드릴 뿐입니다. 그분 뜻에 따라 한평생 기쁘고 떳떳하게 살았으니 부르심에 기꺼이 응하면 그만이지요."

주교님은 보청기를 꼈지만 그래도 잘 못 들으신다. 안경을 꼈지만 시야가 늘 부옇다고 하신다. 그래도 아무 문제 없다고 하신다. 하느님 말씀을 받드는 데 그런 건 걸림돌이 되지 않는다며.

수목원을 다 둘러보고 나서 주교님은 내게 화질이 좋은 사진을 몇 장 구해달라고 하셨다. 파리외방전교회에서 분기별로 나오는 소식지에 나와 내가 하는 일에 대해서 소개를 하고 싶다고 하셨다. 동물과 식물을 지키는 수목원이 당신이 주교로 활동하던 곳에 들어선 걸 퍽이나 반기는 기색이었다.

"플로라—나의 천주교 세례명—가 맡은 일이야말로 일종의 성소聖召입니다. 그 거룩하고 특별한 은총을 씩씩하게 잘 지켜나가세요. 하하하."

주교님의 말씀은 내게 큰 용기를 주었다.

두봉 주교님이 사제가 된 지 70년 되는 해이자 주교님이 키우던 호야가 나와 동거를 시작한 첫해인 2024년

크리스마스 이틀 전에 나는 주교님 댁 거실에 있었다. 케이크를 가운데 두고 초대를 받은 몇몇이 동그랗게 둘러앉았다. 크리스마스 케이크에 촛불을 켜자 주교님은 명랑한 어조로 말씀하셨다.

"자, 우리 각자 소원을 빌고 다 같이 이 초를 붑시다. 하나 둘 셋, 후."

말도 안 되는 소리지만 주교님이 영영 사셨으면 좋겠다. 아니 최소 몇 년은 더 지금처럼 하하하 웃으며 건강하게 지내셨으면 좋겠다.

호야는 대체로 심성이 곱고 순탄한 편이다. 너무 자주 물을 달라고 보채지 않는다. 두툼한 잎에 스스로 수분을 비축하기 때문이다. 보통의 식물처럼 빛 경쟁에서 앞서려 키를 위로 높이지도 않는다. 그 대신 다른 식물 아래에서 더 넓게 옆으로 퍼져 산다. 키는 작지만 품은 넉넉한 주교님 같다. 주교님과 호야에게서 풍기는 특유의 광휘가 있다.

호야의 평균 수명은 인간을 훨씬 뛰어넘는다. 사람이 죽이지 않는다면 화분 안에서 사람보다 오래 살 수 있다. 주교님의 화분을 받아들던 그날 내가 내심 안심한 이유는 사실 그래서다. 호야는 나를 두고 쉽게 먼저 죽지 않을 테니까. 내가 그렇게 두지 않을 테니까. 나에게 온

호야는 자신의 품을 조금씩 더 키울 것이다. 앞으로 오래도록 그럴 것이다.

구름 꽃 피우는 자기 보호의 귀재

서양에서는 귀룽나무를 '메이데이 트리Mayday Tree'라고 부른다. 노동절 무렵에 꽃이 활짝 피기 때문이다. 귀룽나무는 벚나무와 가깝다. 우리나라 산기슭에 그렇게 많이 자라도 가로수로 많이 심지 않으니 사람들이 잘 모른다. 그런데 귀룽나무를 알게 되면 화려한 왕벚나무가 좀 시시해질 수 있다.

내가 사는 경북 봉화의 시골 마을에 귀룽나무꽃이 피기 시작했다. 뭉게뭉게 새하얀 구름이 피어오르듯이 환상적이다. 리듬감 있는 시 같기도 하고 문장이 좋은 산문 같기도 하다. 그 꽃 풍경을 보고 나면 누구라도 귀룽나무를 향한 사랑이 커질 수밖에 없을 것이다. 유년 시절을 보낸 경북 성주의 시골 마을에도 커다란 귀룽나무가 있었다. 그 나무를 동네 사람들은 구름나무라고 불렀다.

귀룽나무의 어원은 두 가지다. 내가 고향 마을에서

들었던 것처럼 꽃이 구름처럼 눈이 부시게 피어오른다고 구름나무로 불렸다가 귀룽나무가 됐다는 설과 아홉 마리 용이 승천하듯 구룡九龍 형상으로 꽃이 피고 줄기와 가지가 넘실댄다고 이름 붙여진 구룡나무에서 귀룽나무가 됐다는 설이 있다. 식물분류학을 공부하며 귀룽나무가 정식 이름임을 알고 난 뒤에도 나는 여전히 귀룽나무를 구름나무라고 부른다.

이 무렵 귀룽나무를 하루라도 못 보고 지나가면 자기 전에도 귀룽나무꽃이 자꾸 생각난다. 꽃 피는 시간이 짧은 걸 알아서 더 애탄다. 사실 귀룽나무가 나를 가장 설레게 하는 때는 이른 봄이다. 내 눈에는 겨울을 갓 통과한 마른 숲에서 저 홀로 연둣빛 새순을 내밀며 서 있는 귀룽나무가 꽃 필 때보다 더 빛나 보이니까. 우리나라 낙엽수림에서 가장 먼저 잎을 틔우는 대표 나무가 귀룽나무인 것이다.

귀룽나무의 분포 범위는 대단히 넓다. 한반도 지리산 이북의 산골짜기부터 일본과 동북아시아, 히말라야를 거쳐 스칸디나비아까지 유럽 전역에 산다. 심지어 자생하지 않았던 북미 대륙에도 건너갔다. 1950년대 알래스카에 정원수로 도입된 이후 귀룽나무는 애써 심어 가꾸지 않아도 알아서 더 많은 번식에 성공했다. 미국 당국은

5월 초, 경북 봉화에서 만개한 귀룽나무.

왕성한 생명력을 자랑하는 귀룽나무를 두고 "북아메리카 토착종을 밀어내는 침입종"이라며 심심한 우려를 표한 적도 있다.

    귀룽나무는 벚나무와 같은 혈통이라 꽃도 열매도 벚나무와 비슷하다. 벚꽃을 닮은 작은 꽃 수십 개가 북극여우 꼬리처럼 길게 늘어져서 새하얗게 핀다. 그러면 인간인 나를 포함해 다양한 종류의 동물이 홀려 귀룽나무 꽃 앞으로, 꽃 속으로 찾아간다. 벌을 비롯해 여러 곤충의 도움으로 수정에 성공한 귀룽나무는 머지않아 까만 열매, 즉 버찌를 맺는다. 버찌는 영어로 체리다. 귀룽나무 열매를 새들이 특히 좋아해서 귀룽나무의 또 다른 이름은 '버드체리Bird Cherry'다. 귀룽나무는 벚나무보다 열 배는 더 많은 버찌를 포도송이처럼 매단다. 참새, 울새, 어치와 같은 비교적 덩치가 작은 새들이 주로 찾아와서 먹고 그 씨앗을 퍼뜨린다. 새뿐만 아니라 담비와 오소리와 여러 설치류도 귀룽나무 열매를 먹는다. 그런데 씨앗을 안 뱉고 오도독오도독 씹어 먹으면 동물이 위험에 처할 수도 있다. 벚나무 혈통의 식물 씨앗에는 아미그달린Amygdalin이라는 복합 성분이 있어서다. 흔히 매실과 살구 씨에 있다고 알려진 독성 화합물이다. 그 자체로는 독이 아니지만, 특정 효소를 만나면 청산가리 성분으로 분해된다. 식물 체내의 성분은 어떻게 흩어지고 모이냐에 따라 약이 되기도 하고 독이 되기도 한다. 어떤 식물이 어디에 좋다는 말에 꾀여 함부로 알은체하다가는 큰코다칠 수 있으니 식물 앞에서는 겸손, 또 겸손해야 한다.

슬라브족이 사는 여러 지역에서 귀룽나무는 아주 먼 과거부터 사람들의 삶과 밀착돼 있었다. 열매는 시럽과 잼과 술이 됐다. 스코틀랜드에서는 씨앗에서 추출한 성분을 증류주에 넣어 고급 수제 진을 만든다. 시베리아에서는 귀룽나무 열매를 씨앗까지 통째로 말린 뒤 빻아서 일종의 밀가루를 얻는다. 시베리아 사람들은 아몬드와

체리, 카카오 향기가 은은히 감돈다고 하는 그 가루로 페이스트리와 롤빵, 케이크를 옛날부터 만들어 먹었다. 귀룽나무 케이크는 소련 붕괴 이후 러시아 초대 대통령이었던 보리스 옐친의 아내 나이나 옐친이 1991년 레시피를 공개한 이후 한동안 큰 인기를 얻었다고 한다. 야생에서 직접 식재료를 수집하는 것으로 미국에서 유명해진 셰프 앨런 베르고가 귀룽나무 열매를 채집하고 말리고 빻아 마침내 근사한 케이크를 만드는 전 과정을 자신의 인스타그램에 올린 게시 글을 인상 깊게 읽은 적이 있다.

온갖 종류의 현대적 물품이 갖춰지기 전에 유럽에서 귀룽나무의 쓰임은 실로 다양했다. 열매와 나무껍질은 양모와 어망을 물들이는 염색제가 됐다. 목재는 나무 상자, 수납장, 손잡이와 같이 작은 물건을 만드는 재료가 됐다. 안약, 기침약, 빈혈약 등 약재로도 두루 쓰였다. 그래서 유럽의 전통 의학 분야에서는 귀룽나무로 항염증약을 개발하자고 말한다. 귀룽나무의 열매와 잎과 나무껍질이 이미 선조들로부터 오랜 세월 쓰이며 검증받은 것이나 마찬가지니 전통 의학뿐만 아니라 현대 의학에서도 널리 쓰이길 바란다면서.

할머니는 귀룽나무 어린잎으로 만든 특별한 봄나물 요리를 어린 내게 선사했다. 새순을 고이 모아서 데친 뒤

물에 담가 쓴맛을 걸러내고 엇비슷한 시기에 나오는 회잎나무 순과 섞어 간장 조금, 깨소금 조금, 다진 마늘 조금, 들기름 쪼르륵, 쪽파 오송송 얹어 조물조물 무치는 방식으로. 나는 할머니가 차려준 밥상을 받아먹고 크면서 식물을 익혔다. 귀룽나무 새순을 먹고도 몇 주는 지나야 두릅나무와 개두릅나무(음나무) 새순이 묵은 가지를 뚫고 빼꼼 나온다는 걸 그렇게 배웠다.

귀룽나무 잎과 가지에서는 맵싸한 냄새가 난다. 꺾이거나 상처가 나면 향은 더 짙어진다. 귀룽나무 가지를 꺾어 현관문 앞에 두면 전염병을 멀리할 수 있다고 믿었던 걸 보면, 그게 일종의 소독제 구실을 한다는 것을 유럽 사람들은 일찍부터 알았을 것이다. 귀룽나무는 그 어떤 나무보다 자신을 지키는 일에 철두철미한 나무다. 누가 할퀴거나 몸에 상처를 내려고 덤빈다면 그 특유의 냄새를 아끼지 않고 뿜어낸다. 귀룽나무의 그러한 방향芳香은 살균과 살충 작용을 한다.

귀룽나무는 자신의 씨앗을 지키려고 아예 독을 품고 살기도 한다. 앞서 말한 아미그달린을 구성하는 독성물질 시안화수소가 씨앗에 들어 있는데, 쓴맛이 아주 강하다. 동물의 혀는 쓴맛을 감지한다. 그건 씨앗을 먹지 말고 뱉으라는 귀룽나무의 경고다. 귀룽나무의 말귀를 알아들어야 동물들은 살아남을 수 있다.

귀룽나무가 자신을 보호하는 또 다른 신통한 방식은 잎자루에 있다. 잎과 가지를 연결하는 가느다란 자루인 잎자루에 겨자씨만 한 밀선이 사마귀처럼 오돌토돌하게 두 개 돋아 있다. 밀선蜜腺, 다시 말해 꿀을 만드는 분비샘은 세포와 세포의 얽힘에서 비롯된다. 거기서 귀룽나무는 꿀을 빚어 개미를 유인한다. 귀룽나무를 비롯해 거의 모든 벚나무 혈통에는 꿀샘이 꽃뿐만 아니라 잎자루에도 있다. 개미는 그 잎자루 꿀샘을 온전히 차지하고 싶어서 주변을 빙빙 돌면서 다른 곤충은 얼씬 못하도록 엄호한다. 밀선이 상처라도 입으면 귀룽나무는 밀선을 더 만드는 치밀한 전술을 쓴다. 그러면 개미는 더 열심히 귀룽나무를 지키는 일에 매진한다.

귀룽나무는 빨리 큰다. 어떨 때는 용틀임을 하듯 가지를 이리저리 비틀거나 꼬면서 뿌리 아닌 곳에서도 싹을 내고 가지를 쑥쑥 키워 올린다. 여럿이 어울려 자라며 대형 구름 떼 모양을 연출하기도 하고, 홀로 근사한 수형을 뽐내기도 한다. 도시의 공원이나 대규모 녹지공간에 군락으로 심어도 좋고 독립수로 심어도 좋다.

귀룽나무 꽃이 피는 걸 보고 있으면 나는 시나 산문

귀룽나무꽃. 벚꽃을 닮은 작은 꽃 수십 개가 모여 피어 꽃차례가 아래로 늘어진다.

을 읽고 싶고 쓰고 싶어진다. 어릴 때부터 그랬다. 시인 로시니 갤러거의 첫 시집 『귀룽나무 Bird Cherry』가 2023년 초 영국에서 출간됐다. 로시니는 2022년 스코틀랜드 북 트러스트가 수여하는 젊은 작가상을 받았다. 첫 시집에는 열아홉 편의 시가 강처럼 달처럼 나무처럼 있다. 그중 시집과 제목이 같은 시 「귀룽나무」를 나는 귀룽나무 아래서 여러 번 읽었다.

    정체성을 알아내려
    그 이름을 찾아본다
    꽃그늘을 드리우는

창문으로

버드체리 혹은 스위트체리

잎의 곡선으로부터

나는 그 어린 모든 가능성을 쥔다

내 마음속 버찌

만약 내가 고조할머니를 만난다면

그이의 언어로 말하는 이름을 나는 알지 못하리

버드체리 혹은 스위트체리

어두컴컴한 데서, 꽃잎은 부유한다

바다 거품처럼

땅은 기억한다

과거에 쓰이던 모든 것을

탄소, 파열, 꽃잎

지난달 만개한 하얀 꽃은

부풀어 올라 하늘을 지우고 말았다

로시니의 시처럼 5월에 귀룽나무 밑에 가면 하늘을 꽃으로 채우는 마법이 펼쳐진다. 제자리에 있으면서도 아주 멀리 가보게 된다.

느리지만 오래 걸을 줄 아는 발목에 대하여

"그래도 제 발목은 꽤 굵어요."

그 가는 손목으로 험한 산을 어떻게 다니느냐고 묻는 사람들에게 내가 하는 말이다. 진짜다. 나는 키가 작고 마른 체형이지만 다리는 꽤 튼실한 편이다. 어릴 때부터 그랬다. 살이 그렇게 안 붙어서 어쩌냐고 고봉밥을 퍼주시던 할머니도 밥상 아래로 삐져나온 내 발목을 보고 나면 싱긋 웃으며 흡족해할 정도였다.

튼튼한 하체가 다소 부실한 상체를 거뜬히 받쳐주어서일까. 오래 걷는 일만큼은 누구에게도 지지 않을 자신이 있다. 무리해서 걷다 보면 흔히 그렇듯이 무릎과 발목에 무리가 오고 종아리와 허벅지 근육이 뭉친다고 하는데, 나는 어지간해서는 멀쩡하다. 특히 오르락내리락하거나 이리저리 굽어 있는 산길에서는 잘 지치지 않는다. 길 자체가 재미있기도 하고 그 길 사이에 식물이 숨어 있으니 반갑게 인사하며 걷다 보면 어느 식물 하나 놓치고 싶지 않아서 걸을수록 더 힘이 난다.

그런데 빠르게 달리는 일은 영 젬병이다. 그걸 처음 알게 된 날의 기억은 지금도 또렷하다. 초등학교에 입학한 그해 어느 봄날 육상부 선수를 뽑기 위해 열린 달리기 시합. 대여섯 명씩 조를 이루어 겨루는 그 경쟁에서 나는 꼴찌를 했다. 숨이 몹시 차거나 아주 힘들지는 않았는데 당최 앞선 친구들을 따라잡을 수가 없었다. 결승선에 들어온 후로도 상기되었던 얼굴은 좀처럼 식을 줄 몰랐다. 그때의 좌절감과 패배감으로 나는 단거리달리기에 퍽 소질이 없다는 것을 깨닫게 되었다.

실력이 정말로 형편없는 수준이란 걸 제대로 확인한 건 중학교에 입학하자마자 받은 체력장 테스트에서다. 체육 선생님은 한 손에 들고 있던 끈이 길게 달린 초시계를 누르며 100미터를 몇 초에 뛸 수 있는지를 평가했는데 내가 종점에 도착하는 순간 아주 큰 소리로 외쳤다. "19초!" 그건 학년 전체에서 꼴찌를 앞다투는 기록이었다. 철봉에 매달리고 윗몸을 일으키고 포환을 던지는 다른 종목에서도 나는 맨 끝을 면하지 못했다. "쟤는 운동 정말 못하나 봐." 친구들이 내게 손가락질을 하는 것만 같았고, "몸이 허약하니 그럴 수밖에……" 하는 체육 선생님의 총평이 들리는 것도 같았다. 나의 약점이 탄로 난 것 같아 스스로 더 무섭고 수치스러웠다.

하지만 마지막 종목은 달랐다. 학년 전체가 동시에 겨루는 장거리달리기에서 결승선에 가장 먼저 들어온 건 앞선 종목의 선두 주자들이 아니라 꼴등 쪽에 있던 나였다. 대열 맨 뒤에서 달리던 내가 중반 이후부터 앞으로 치고 나가더니 운동장 열 바퀴를 다 돌 무렵에는 맨 앞쪽 무리에 합류한 게 아닌가. 그 순간은 지금 떠올려봐도 꽤 유쾌해지는 장면이다. 체격이 왜소한 애들은 운동 실력도 부족하다는 낙인을 떼버리는 순간이었으니까. 빨리 달리지 못하면 오래 달리지도 못할 거라는 편견을 뿅 사라지게 만드는 반전의 레이스!

건강한 다리를 타고났다기보다는 내 약점을 보완하려는 마음이 있었기 때문에 발목이 굵어진 게 아닐까 생각해본다. 지구력이 내 안에 있다는 걸 알게 된 그날 이후 나는 전에 없던 용기를 낼 수 있었다. 나도 운동을 할 줄 아는 아이구나, 하고. 등산에 빠지기 시작한 것도 그 무렵이다. 내가 자란 시골 마을은 가야산국립공원 안에 있다. 내게 가야산은 국립공원이라기보다는 우리 집 뒤에 위치한 산, 말 그대로 동네 뒷산이다. 그 산에 수없이 올랐다. 여느 십대처럼 이유 없이 와다닥 웃음이 쏟아지는 날이 있었다. 느닷없이 눈물이 터지는 날도 있었다. 부모든 친구든 그 누군가에게 이유 없이 등을 돌리고 싶은 날도, 가만히 지나가는 고양이와 강아지에게조차 까닭 모를 배신감이 드는 날도 있었다. 감정이 소용돌이치던 그 모든 순간에 나는 다른 데 가지 않고 산으로 갔다. 나를 반겨주는 산이 가장 가까이 있었으므로. 국립공원 직원들이 매달았을 나무의 이름표와 나무를 맞춰보는 게 좋았다. 노각나무, 까치박달, 매발톱나무, 대팻집나무, 참빗살나무……. 한 그루 한 그루 특별한 이름을 불러보는 게 참 좋았다. 그러면 더 기쁘기도 덜 슬프기도 했고 응원의 말을 들었던 것도 같다. 정상에 다소곳이 모여 사는 희귀식물들은 나를 1433미터 높이의 칠불봉까지 오르도록 이끌었다. 안간힘을 써 그곳에 닿아야 가까스로 만날 수 있는 구름병아리난초와 설앵초와 여우꼬리풀. 그 친구들이 자꾸 생각나서 나는 산을 올랐고 산을 오르면 오를수록 나의 안팎에서 오랫동안 버티며 견디는 힘이 늘어났다.

"에이, 이모 왜 이렇게 느려?" 올해 열 살과 아홉 살이 된 연년생 조카 둘 모두에게 지는 걸 보면 빨리 달리기는 여전히 못한다. "얘들아, 이모 따라와봐!" 구긴 체면을 세우려면 그간 갈고닦은 나의 오래달리기 실력을 뽐

낼 수밖에. 두 아이에게 비법도 전수한다. "숨이 차? 쿵쾅 쿵쾅 심장이 터질 것 같아? 그러면 멈추지 말고 속도를 좀 늦춰봐. 최대한 천천히. 어때? 다시 더 뛸 수 있겠지? 느린 속도로 얼마간 더 뛰다 보면 이모는 신기하게도 몸이 가벼워지는 걸 느껴. 그러면 속도를 더 낼 수 있고 더 멀리 더 오래 달릴 수 있어. 이모가 어릴 때 산에서 배운 거야."

매사에 나는 좀 그런 편이다. 빨리하는 일에 서툴다. 천천히 꾸준히 하는 거라면 자신 있다는 느낌이 든다. 오래 걷고 오래 뛰고 오래 등산하는 데 있어 여유를 갖게 된 건 아마도 그래서일 거다. 나는 내 발목의 가능성을 믿었다. 보나마나 꼴찌일 거라고 섣불리 단정하지 않았다. 나의 한계라고 착각할 뻔한 그 경계 너머를 응시했다. 그동안 포기하지 않고 부단히 연마한 덕분이고 무엇보다 운이 좀 따랐다. 그때 그 산을, 그 산의 그 나무와 풀꽃들의 발목을 만났으므로.

식물에게도 발목이 있다면 땅의 경계에 그들 몸이 걸친 부위일 거라는 어린 시절의 기대 같은 게 있었다. 그 발목이 튼튼할수록 땅속에서 뿌리를 잘 뻗고 흙을 야무지게 거머쥐고 물과 양분을 쪽쪽 흡수할 것이라고 짐작했다. 그 발목 덕분에 식물이 전보다 더 하늘을 향해

줄기를 꿋꿋하게 올리고 잎을 세차게 내는 것이라 여겼다. 내 발목도 그러하길 바랐다. 골똘히 오래 그들의 발목을 관찰했다. 그걸 더 또렷하고 구체적으로 알아가는 과정이 지금 내가 하는 일이다. 여전히 꾸는 꿈이며 놓지 않는 희망 같은 거다.

한여름 산정에서 한들대는 바람꽃

여러 날 계속해서 정말 덥다. 한낮에는 바깥 활동 자체가 어려울 정도다. 폭우와 폭염이 시소를 탄다. 우리 행성이 잔뜩 화가 났거나 어디 크게 고장이 난 게 틀림없다.

바람꽃을 조사하러 설악산과 점봉산에 오를 짐을 꾸리는데 엄마한테 전화가 온다. 바람꽃은 1300미터 이상의 고산에 사는 희귀식물이다. 이 더운 날에 산엘 가느냐며 엄마의 목소리는 걱정이 가득하다. 막상 산에 가면 나무 그늘이 많아서 덜 덥다고 명랑한 목소리로 답한다. 그래도 염려하시는 것 같아서 다시 이렇게 말한다. "산을 오르면 오를수록 선선해지니 피서에 제격이에요." 정말이다. 해발고도가 100미터 높아지면 기온은 최대 0.7도 정도 낮아진다. 산악 기상정보를 보면 1000미터가 넘는 산들의 최고 기온은 우리 생활권역보다 10도 이상 낮다. 소

해발고도 1164미터의 점봉산 곰배령(위)과 점봉산 능선에서 바라본 백두대간 풍경(아래). 점봉산은 야생화가 많아 천상의 화원으로 불린다.

나기를 만나면 체감온도는 더욱 떨어진다. 비옷뿐만 아니라 체온을 유지시켜주는 도톰한 겉옷을 꼭 챙겨 배낭을 여민다. 극한의 불볕더위가 없을 뿐이지 산정에서 기후변화의 영향은 더 큰 편이다.

바람꽃은 한여름에 꽃이 핀다. 너도바람꽃과 나도바람꽃을 시작으로 홀아비바람꽃, 들바람꽃, 꿩의바람꽃 등 접두어를 단 바람꽃 식물들 대부분이 봄에 피고 진다. 이들을 한데 묶어 바람꽃이라고 부르기도 하므로 헷갈릴 수 있다. 하지만 접두어를 달지 않은 진짜 '바람꽃'은 초복 무렵에 피기 시작해서 말복쯤 진다. 봄에 피는 무리들에 비해 훨씬 더 희귀한 식물이다. 남한에서는 설악산과 점봉산 정상 부근에만 산다.

바람꽃은 시베리아와 동아시아 고산 지역을 대표하는 식물이다. 적설량이 많고 잔설이 오래 머무는 곳에서 군락을 이룬다. 신생대 후기 속씨식물이 번성한 이후로 지구는 기후변화를 반복적으로 겪었다. 한랭기와 온난기를 통과하며 바람꽃은 전보다 더 추운 어느 시기에는 러시아 연해주의 시호테알린산맥을 타고 백두대간 하부의 깊은 곳까지 영역을 넓혔을 것이며 그 반대의 경우에는 다시 북쪽으로 물러났을 것이다. 과거에는 그들이 살 수 있는 땅이 더 넓었을 테지만 지금 한반도에서는 설악산과 점봉산이 전부다. 바람꽃처럼 특정 지역에서만 살아남은 식물을 두고 식물학자들은 '잔존종'이라고 부른다.

설악산과 점봉산을 피난처로 딛고 선 바람꽃이 말한다. 지금의 기후가 자신들을 자꾸만 더 북쪽으로 내몰고 있다고. 유럽연합은 기후변화 관측 데이터에 근거하여 지난달 기온이 역대 최고치를 기록했다며 이는 화석연료 사용 이전 대비 1.5~1.6도 오른 기온이라고 평가했다. 그런데 고산 지역의 연평균 기온은 더 빠르게 오르고 있는 게 문제다. 몇 해 전 기후변화에 관한 정부간 협의체(IPCC)는 고산 지역의 평균 기온이 20세기를 전후하여 북반구 고위도보다 두 배나 높은 상승률을 보였고 적설면적은 21세기 말까지 최대 25퍼센트 감소할 수 있다는 우려를 발표했다.

식물학자들은 더욱 심각하게 걱정한다. 백두대간의 고산을 피난처로 삼아 살아남은 식물들을 얼마간 지켜보니 산정의 기온이 0.6도 상승하면 그곳 식물의 분포가 축소되기 시작하고 1.2도 오르면 분포지 자체가 많게는 80퍼센트 이상 줄어들 수도 있다는 것이 확인되었기 때문이다. 기후변화는 단순히 온도만의 문제가 아니다. 눈이 적게 오기도 하고 쌓인 눈이 너무 빨리 녹기도 한다. 쌓인 눈이 서서히 녹으면 늦은 봄까지 충분한 수분 공급을 받을 수 있지만 그렇지 않으면 수분 스트레스를 견디지 못하고 바람꽃 개체수가 줄어든다는 모니터링 결과가 있다. 바람꽃이 사라지면 이들에 기대어 살아가는 곤충까지 위험에 처할 것이고 생태계에 미치는 영향은 더 커

한여름에도 산들바람이 부는 점봉산 정상의 바람꽃 군락지.

질 것이다.

　무엇보다 불법 채취가 바람꽃을 이 땅에서 밀어내는 데 한몫하고 있다. 꽃이 예쁘고 귀하다며 뿌리째 캐서 배낭에 숨겨 가는 사람들이 있다. 뽑혀 나간 자리가 여기라고, 점봉산산림생태관리센터 직원이 짚어준다. 10여 년째 수시로 이곳을 살핀다는 그분의 판단으로는 단시간에 군락지 규모가 절반 넘게 줄어든 가장 큰 원인은 사람의 남획일 거라고 한다. 내 살점이 파진 것처럼 순간 너무 아팠다.

　소낙비가 한바탕 퍼붓는다. 외투와 우의를 서둘러

꺼내 입는다. 금세 한기를 느껴 오들대는데 내 앞의 바람꽃은 지금 이 온도가 참 좋다는 듯이 전보다 더 한들거린다. 재난을 피하여 거처하고 있는 그 땅에서 바람꽃이 부디 오래 무사했으면 좋겠다. 등대시호와 금마타리에 뒤섞여 아름답게 피어 있는 바람꽃이 내게 말한다. 인간이 헤아릴 수 없는 아득한 먼 과거부터 극한 환경에도 함께 살아남은 백두대간 등성이의 강인한 식물들이 아직은 곁에 있으니 조금 마음을 놓으세요.

나와 팽나무를 연결해주는 59번 국도를 따라서

전남 광양에서 강원도 양양까지 내륙을 남북으로 관통하는 59번 국도가 있다. 목포에서 신의주까지를 잇는 1번 국도와 동해안을 끼고 부산부터 강원도 고성까지 오갈 수 있는 7번 국도의 명성에 비하면 59번 국도는 좀 낯설지도 모르겠다. 주로 산간지방의 소도시들을 연결하는 구불구불한 길이다. 그 도로가 가야산국립공원을 통과하는 구간인 경남 합천과 경북 성주의 경계에 내 고향 마을이 있다. 어릴 적 나는 엄마를 따라 59번 국도를 타고 어떤 날은 경남으로, 어떤 날은 경북으로 장을 보러 갔다. 59번 국도는 경북에서 초등학교에 다니는 나와 경남에서 초등학교에 다니는 옆 동네 친구를 이어주는 길이기도 했다. 옛길에 아스팔트를 입힌 그 국도에 들어서면 예나 지금이나 이리저리 구부러져 있어서 좀처럼 속도를 낼 수가 없다. 심지어 아직 포장이 덜 된 구간도 있다.

나는 생물학과 대학원생으로 식물분류학을 전공하면서 본격적으로 식물을 찾아 전국을 누비게 되었다. 그 당시만 해도 지금처럼 차량용 내비게이션이 일반적이지 않았다. 25만분의 1로 축소한 『전국도로지도』가 식물 탐사의 필수품이었다. 그 지도를 짚어가며 전국의 많은 길을 다녔다. 그때의 나는 학위 주제였던 팽나무속에 해당하는 종들을 어떻게든 다 만나고야 말겠다는 의지가 결연했다. 아직 발견되지 못한 한국의 팽나무속 식물이 있었기 때문이다. 돌아가신 선배 학자들이 남긴 기록에만 등장할 뿐 생존하는 학자들 앞에 좀처럼 모습을 보이지 않던 노랑팽나무. 나는 "노랑팽나무 찾아 삼만리"를 입버릇처럼 되뇌면서 비장미 넘치는 식물학도이기를 바랐던 것도 같다. 한반도를 세로로 연결하는 1번과 3번, 5번과 7번 국도를 수없이 오르내렸다. 그 길들을 축으로 내륙의 깊은 곳에 진입할 때는 횡과 종으로 뻗은 더 많은 국도와 지방도를 이용했다.

그러면서 나는 59번 국도를 제대로 알게 되었다. 어릴 때 내가 고향에서 버스를 타고 다녔던 길보다 구불텅한 구간이 훨씬 더 많다는 것, 전라남도에서 강원도까지 거의 500킬로미터를 연결하는 그 길을 마음먹고 한 번에 건너가려면 보통 열 시간 정도가 걸린다는 것, 갑자기 나타나는 비경 때문에 갓길에 차를 세울 수밖에 없는 상황이 너무 자주 발생하므로 예상 소요 시간 안에 절대 도착할 수 없다는 것.

    59번 국도는 나와 팽나무를 연결해주는 길이다. 그 길은 나 혼자 명명해놓은 '팽나뭇길'이다. 전남 광양에서 출발해 섬진강을 따라 경남 하동을 지나는 구간에 팽나무가 많이 산다. 예부터 사람 살기 좋다고 해서 마을이 형성된 곳에는 어김없이 아름드리 팽나무 고목이 있다. 좀 더 북진해서 지리산의 동쪽을 돌고 돌아 경남 산청으로 진입한 길은 합천 해인사를 지나간다. 그러고는 행정구역이 경북으로 바뀌면서 통일신라시대의 절인 법수사 터가 길의 우측에 등장한다. 법수사는 해인사에 버금가는 규모였을 것이라고 짐작되지만 지금은 보물 1656호로 지정된 법수사지 삼층석탑과 당간지주만이 남아 있다. 그 풍경은 내게 익숙하다. 어릴 때 나와 내 고향 친구들은 법수사지 당간지주를 '젓가락 바위'라고 불렀다. 절에 행사나 의식이 있을 때면 두 개의 돌기둥에 '당'이라는 깃발을 걸어둔다고 어른들에게 들었던 것도 같다. 사찰 입구에 설치하는 것으로 알려진 당간지주와 그로부터 멀찌감치 떨어진 곳에 위치한 석탑을 근거로 절의 규모가 거대했을 것이라고 법수사지 발굴단은 추측한다. 법수

경남 하동군 섬진강 변에 있는 팽나무. 꽃이 피는 4월의 모습이다.

사지 당간지주는 팽나무 고목과 한 몸처럼 붙어 있다. 내 고향 사람들은 그 팽나무를 신처럼 여겼다.

길은 성주군 수륜면에서 김천 방면으로 북진해서 선산을 통과하여 상주 낙동강 구간에 이른다. 강처럼 S자를 여러 번 그리면서 예천 삼강주막을 지나고 용궁면에 닿는다. 거기에는 일찍이 1998년에 천연기념물로 지정된 500살을 훌쩍 넘긴 팽나무가 있다. 봄에 꽃 필 때 보면 나무 전체가 노랗다고, 한곳에 뿌리 내려 수백 년을 잇는 근본이 있는 나무라고 해서 마을 주민들이 붙인 이름이 황목근黃木根이다.

문경시 산양면을 지나면서 도로는 높은 산들 사이로 들어가 더 좁아지는 느낌이 든다. 월악산 구간이 시작되고 행정구역은 충청북도로 바뀐다. 그러면 따뜻한 남부 지방을 선호하는 팽나무는 자취를 감추고 그보다 북쪽에 적응해서 살아가는 다른 팽나무속 종들이 나타난다. 왕팽나무와 풍게나무가 월악산 동쪽으로 이어지는 59번 국도에 띄엄띄엄 등장하기 시작하는 거다. 길은 남한강 상류를 만나고 도담삼봉을 지나 소백산 북서쪽 자락을 끼고 협곡처럼 휘어진다.

그 깊은 곳에서 왕팽나무 같기도 하고 풍게나무 같기도 하고 아니면 두 나무의 교잡종 같기도 해서 가늠이 잘 되지 않는 팽나무 한 그루를 운명처럼 만났다. 내가 그토록 찾아다닌 노랑팽나무였다. 그 친구를 찾아 나선 지 정확히 10년이 되던 해의 일이다. 59번 국도에서 아마도 내 심장박동 소리가 가장 컸던 순간이 그때일 것이다.

팽나무속 식물은 겉모습으로 구분하기 어려울 때 열매를 까서 그 안에 든 씨앗의 표면을 보면 정확해진다. 씨앗을 싸고 있는 갑옷처럼 딱딱한 부위가 내과피다. 복숭아나 살구처럼 보통 식물의 내과피는 나무 재질이지만 팽나무는 특별하게도 '아라고나이트'라고 하는 광물질로 되어 있다. 아라고나이트는 달팽이 껍질을 이루는 성분이다. 팽나무속 식물은 지구에서 살아남기 위한 전략으로 식물의 체내에 있다고 믿기 어려운 그 놀랍고 신비로

4월 초 소백산 자락에서 만난 노랑팽나무꽃. 토끼 귀처럼 갈라진 암술머리와 그 아래 장차 열매가 될 녹색의 둥근 자방, 와인 빛깔의 꽃받침이 보인다.

운 광물질을 스스로 만들어 씨앗을 엄호하고 종족 번식에 성공했다. 팽나무속 식물은 그래서 종마다 내과피 모양이 다 다르고 내과피를 자세히 들여다봐야 각 종을 정확하게 알 수 있다.

충북 단양에서 소백산을 다 통과한 59번 국도는 강원도 영월의 남쪽으로 들어간다. 간이역인 연당역을 지나면 또 다른 팽나무속 식물인 좀풍게나무가 나타난다. 일반인에게 좀풍게나무는 익숙하지 않을 것이다. 선배 분류학자들조차 한반도 중부 이북부터 중국 동북부 지방까지 넓게 분포하는 그 나무를 낯설다 한다. 왜 그럴까?

한반도의 식물은 일제강점기를 거치며 일본의 식물 분류학자들에 의해 처음 기록된 경우가 많다. 팽나무속도 그렇다. 그런데 일본 학자들은 일본에는 자라지 않는 좀풍게나무를 잘 몰랐다. 팽나무와 풍게나무는 일본 전역에 널리 퍼져 있기 때문에 익숙했지만 좀풍게나무는 그들에게 어려웠고 그래서 이름을 잘못 붙여 기록하는 실수를 한 것이다. 그것을 바로잡지 못한 채 오늘에 이르다 보니 정작 우리 땅에 사는 좀풍게나무를 우리가 잘 모르게 되었다. 자연적으로 팽나무는 남부지방에, 좀풍게나무는 그보다 북쪽에 주로 산다. 사람이 심어 기르면 그 둘은 어디든 가리지 않고 한반도 전역에 걸쳐 잘 사는 편이다. 팽나무라고 알려져 있는 국내 가로수 중에는 좀풍게나무가 더러 섞여 있다.

영월 읍내를 통과하고 동강을 건너서 정선으로 이어지는 길은 과거 광산으로 흥했던 역들이 놓인 구간이다. 탄부역, 연하역, 예미역……. 마을은 쇠했으나 석회 채광은 계속되고 있다. 나는 석회암 지대 척박한 땅에 뿌리 내리고 살던 좀풍게나무가 뽑혀 나가는 참혹한 광경을 그곳을 지나는 길에 속수무책으로 목격한 적이 있다. 그렇게 캐낸 석회는 다 어디로 가는 걸까. 시멘트가 되어 건축이나 토목 재료로 쓰이는 걸까.

산을 허물어 도시를 세우는 생명체에 대해 생각하는 사이 길은 산간지방을 돌고 돌아서 정선의 읍내로 이어진다. 주변 풍경이 넘치게 아름다워서 그 구간만큼은 단번에 통과할 수가 없다. 가다 서다를 반복하다 보면 조양강과 그 상류인 오대천에 닿는다. 빼어난 경치에 나도 모르게 입을 벌린 채 지나가다 강원도 정선 가리왕산의 알파인 경기장 앞에서는 입이 쩍 하고 벌어진다. 스키장을 만든다고 산을 파헤쳐놓은 모습이 흉하고, 주변 산들과 동떨어진 모습이 꼭 다른 세상 두 개를 붙여놓은 것 같아서다.

가리왕산을 다 지나면 평창군 진부면이다. 오대천

과 59번 국도가 철길처럼 나란히 오대산 월정사까지 이어진다. 전나무숲을 지나면 길은 오대산국립공원 진고개 정상휴게소를 넘어 강릉시로 접어든다. 여기서부터 연곡천을 따라 지독하게 꼬불꼬불한 오지 산길이 펼쳐진다. 59번 국도는 연곡천과 함께 양양 남대천에 닿고 마침내 양양대교에 이르러 7번 국도를 만나면서 끝이 난다. 거기서 7번 국도를 타고 북으로 올라가면 좀풍게나무가, 남으로 내려가면 팽나무가 동해안을 따라 줄줄이 나타난다.

59번 국도가 이어준 많은 길 위에서 나는 멈추지 않았다. 팽나무를 만나며 팽나무의 언어를 알아듣고 팽나무의 이름을 바르게 불러주는 일을. 그러는 동안에 나의 포부는 그들에 대한 경외심으로 바뀌었다. 분류학적 실체를 밝히거나 오류를 바로잡고야 말겠다는 어쭙잖은 식견이 이제 전과는 다른 형태를 갖추게 된 것도 같다. 우리 행성의 대선배인 팽나무의 지혜를 배워야겠다는 희망과 기대 같은 것으로. 길 위에서 팽나무를 만나는 일을 나는 계속해서 하고 싶다. 여전히 꿈꾸고 싶다.

토끼풀을 위한 호소

소설가 백수린의 산문집 『아주 오랜만에 행복하다는 느낌』을 읽다가 '클로버'에 대한 문장을 만났다. 이웃에게 선물로 받았다는 그 식물을 다정하게 바라보며 작가는 이렇게 썼다.

싱그러운 초록빛 잎들에 눈길이 멎으면 '이웃'이라는 단어가 자연스럽게 떠올랐다. 줄기 끝에 매달린 클로버 잎을 닮은 두 개의 동그라미가 돋아나 있는 단어, 이웃. 가족도 친구도 아니지만 적당히 가까운 거리에서 동그랗게 이어져 있는 사이.

사이좋게 나란히 놓인 두 장의 잎에 한두 장이 더 붙어 세잎클로버가 되고 네잎클로버가 되는, 영어로는 클로버, 우리말로는 토끼풀인 식물. 내 기억이 맞는다면 정확히 30년 전에 엄마가 나에게 알려준 첫 식물이 클로버다.

엄마는 꽃대가 가장 튼실해 보이는 토끼풀을 두 개 골라서 최대한 길게 끊는다. 그중 한 개를 먼저 잡고 꽃 바로 아래 꽃자루의 섬유질 결을 따라 세로로 살짝 찢어 홈을 만든다. 그 홈에 나머지 한 개의 꽃대를 끼워 팽팽하게 당긴다. 토끼풀의 하얀 꽃 두 송이가 쫑긋 마주 보게 되면 엄마는 아주 진지한 표정으로 합쳐진 꽃송이 양쪽 꽃자루의 길이를 가늠해본다. 작달막하면 손가락에 걸 반지를, 제법 여유가 되면 팔찌를 만들어 채워준다. 그걸 몇 번 반복해서 길게 이어 엮으면 목걸이도 되고 왕관도 된다. 그 식물 치장을 내 손가락과 팔목에 걸거나 머리에 가지런히 놓으며 엄마는 말한다.

"내가 여섯 살 때쯤 엄마한테 배운 거야."

얼마 전에 나는 조카에게 이걸 자세히 알려줬다.

"너희 외할머니한테 배운 식물 놀이야."

조카는 신기하고 재밌다며 폴짝폴짝 토끼처럼 깡충댔다. "이모, 팔 좀." 한참을 작품 활동에 빠져 있던 조카가 완성한 토끼풀 팔찌를 내 손목에 걸어준다. "예쁘지?" 툭 던져놓고 조카는 행운의 네잎클로버를 찾겠다며 눈을 돌린다.

토끼풀은 식물 놀이의 훌륭한 재료다. 토끼풀에 기대어 사는 곤충을 관찰할 수도 있어 토끼풀 군락은 아이들의 자연 놀이터가 된다. 여덟 살 조카가 만들어 걸어준 토끼풀 목걸이.

그렇게 토끼풀 곁에 앉아서 조카랑 놀다 보면 시간이 참 잘 간다. 어릴 적에는 더욱 그랬다. 누구보다 예쁜 반지를 만들겠다고 토끼풀꽃 고르고 엮는 데 애를 썼다. 그 아이도 나를 좋아하게 해달라고, 행운이 빨리 내게로 오라고 기도하며 네잎클로버 찾는 일에 몰두하다 보면 금세 반나절이 지나곤 했다.

나는 종종 토끼풀을 한두 아름 안고서 이웃집으로 달려갔다. 옆집 봉산댁 토끼장에 바짝 들러붙어 토끼풀 먹이는 일에 열중하고 있노라면 풀어놓고 키우는 오골계가 다가와서 토끼풀을 마구 뺏어 먹었다. 닭에게도 토끼풀을 먹이다가 앞집 먹미댁 갓 태어난 송아지가 생각나서 남은 풀을 거머쥐고 소한테 달려갔다. 송아지 엄마야, 이거 먹고 아가 잘 키워. 토끼풀은 나와 소의 대화를 이어주었다.

　토끼며 가축들 먹이겠다고 20세기 초 무렵 국내에 들여온 외래식물이 토끼풀이다. 토끼풀은 일찍이 네덜란드 상인이 일본에 드나들던 1846년 유럽에서 아시아 대륙으로 처음 유입되었고 지금은 거의 전 대륙에 토끼풀 없는 나라가 없을 정도다. 수십 년 전에 남한이 그랬듯이 지금도 집집마다 토끼 먹이는 일을 장려하는 북한에서는 토끼풀을 많이 심어 기르라고 한다. 북한의 식물분류학자 임록재가 쓴 『조선식물지』에는 '김일성 저작집' 32권에서 옮겨 왔다는 이런 문장이 보인다.

　토끼풀은 토끼를 비롯한 여러 가지 집짐승이 잘 먹는 좋은 먹이풀이며 단백질 함유량도 많습니다. 토끼나 소에게 생채로 먹여도 좋고 말렸다가 겨울에 먹여도 좋습니다.

　실제로 토끼풀은 체내 자체에 영양분이 많고 콩과 식물의 특성상 뿌리가 땅을 개간하는 능력도 좋은 편이다. 방목이 활발한 뉴질랜드에서 얼마 전 발표된 논문에 따르면 토끼풀이 절망적인 기후 위기 시대에 미래를 밝혀 줄 식물이라고 한다. 대량 사육으로 인한 가축의 메탄 배출이 심각한 환경 문제로 떠오르는 시점에, 인간이 인위적으로 만든 사료를 먹일 때보다 자연에서 저절로 자라는 토끼풀을 섞어 먹이면 동물들이 메탄을 덜 내보낸다는 것이다. 학자들은 토끼풀 잎 조직에 든 성분이 사료의 단백질과 잘 결합하기 때문이라고 해석한다. 그뿐만이 아니다. 땅을 기름지게 하고 목초와 꿀을 생산하는 토끼풀의 연간 가치를 가늠하면 뉴질랜드 화폐로 30억 9500만 달러로 추정된다고 한다. 한화로 2조 원이 넘는 규모다.

그런데 국내에서는 어쩐 일인지 토끼풀이 일명 골칫거리 '잡초'가 되어 잔디밭에서 뽑혀 나가는 광경을 자주 목격하게 된다. 가꾸지 않아도 저절로 나서 자라는 이 식물이 도대체 누구에게 해롭다는 건지 나는 잘 모르겠다. 적어도 내게는 여전히 너무 쓸모 있는 식물이니까. 이웃과 나를 연결하고 외할머니와 엄마와 나와 조카를 이어 주는 토끼풀이, 행복과 행운을 가져다준다고 하는, 실제로 다른 나라에서는 그 씨앗의 발아가 미래의 희망을 상징하는, 이롭기 그지없는 클로버가 어쩌다 누군가에게 미움을 사는 신세가 된 것일까.

세상의 모든 것을 담는 시드볼트

내가 일하는 수목원에는 시드볼트가 있다. 노르웨이의 스발바르제도에 있는 시드볼트와 함께 지구상에 단 둘뿐인 시드볼트 중 한 곳이다. 시드볼트는 씨앗seed을 보관하는 금고vault다. '현대판 노아의 방주'나 '미래 인류를 위한 씨앗 저장고'로도 불린다. 기후변화나 전쟁 등 지구 차원의 대재난에 대비해 식물의 멸종을 막고자 마련된 시설이다.

수목원에 방문하더라도 안타깝지만 시드볼트에 직접 들어가볼 수는 없다. 일반인의 출입을 제한하는 국가보안 시설이기 때문이다. 그 대신 수목원 방문자센터에서 실물과 같은 모양으로 작게 만든 시드볼트 모형을 볼 수 있고 시드볼트 내부를 구현해놓은 장소에서 체험도 할 수 있다.

내가 근무하는 연구동은 수목원 방문자센터에서 약

4킬로미터 떨어진 해발고도 600미터 산속에 있다. 연구동에 마주 선 외딴 건물이 시드볼트다. SF영화에 나올 법한 외향으로 희한하게 생겼다. 보안 시설이니 대한민국 정부 방침에 따라 시드볼트는 GPS에 안 잡힌다. 자체 카메라와 통신망으로 영상을 수집해서 고국으로 되쏘는 테슬라 차량은 그래서 시드볼트 근처 출입을 엄격히 금한다. 연구동에서 멀찌감치 떨어진 곳에 주차해놓고 걸어서 출근해야 하는 테슬라 차주 동료들의 불만이 어지간하다.

국립백두대간수목원 시드볼트는 tvN 예능프로그램 〈유 퀴즈 온 더 블럭〉에 소개되며 일반인에게 꽤 알려졌다. 유재석과 조세호가 진행하는 그 프로그램에 출연해 시드볼트를 알린 동료는 나보다 세 살 많은 언니다. 언니는 광릉숲에 있는 국립수목원 시드뱅크에서 수년간 종자 연구를 담당하다가 시드볼트와 시드뱅크가 둘 다 있는 국립백두대간수목원에서 일하겠다고 몇 해 전 경북 봉화로 귀촌했다. 초등학생 남매와 갓 태어난 셋째에 남편까지 다 데리고서. 한때 폐교가 될 위기에 놓였던 전교생이 10여 명 정도 되는 수목원 앞 서벽초등학교의 재학생과 졸업생 중 언니 애들이 셋이다.

프로그램에 나가서 언니는 말했다. "시드볼트는 종

말의 순간에야 비로소 열립니다. 지구에서 사라질 위험에 놓인 종種의 씨앗을 가장 절박한 때 그 금고에서 꺼내 싹을 틔우지요. 종자를 저장한다는 점에서 비슷한 것 같지만 엄밀히 다른 시설인 시드뱅크도 수목원에 있습니다. 시드뱅크는 시드볼트와 달리 씨앗을 그때그때 꺼내거나 넣을 수 있습니다." 언니는 연구나 증식을 목적으로 운영 중인 시드뱅크가 국내외에 다 합쳐 1700여 개 정도 된다는 말도 덧붙였다.

시드볼트는 강해야 한다. 백두대간 시드볼트는 고강도 지진이나 핵 폭격에도 견딜 수 있도록 만들어졌다. 지하 46미터 아래, 다중 철판 구조의 터널 안에 거대한 냉동고가 있다. 영하 20도, 습도 40퍼센트를 언제나 유지한다. 이 숫자는 씨앗의 신진대사를 늦춰 발아를 정지시키기 위한 조건이다. 일반 전기와 추가적인 태양열, 지열뿐만 아니라 자가발전장치까지 갖추고 있어서 유사시 대체 전력이 공급된다.

보안상 출입이 허락된 이들은 지하 8층 정도 되는 땅속 깊은 그 비밀 곳간까지 엘리베이터를 타고 내려간다. 지하에 도착하면 동굴 같은 콘크리트 터널의 냉동 금고 입구가 나온다. 내부에 입장할 때는 모자가 달린 검정 롱패딩을 입는다. 하얀 실험실 가운을 입고 시드뱅크에 들어갈 때와는 사뭇 다른 느낌이다. 정수리부터 발목까지 온기를 지켜주는 겉옷은 일종의 방호복이자 구조복 같기도 하다. 결기를 다지며 외투를 걸친다.

 수목원 직원들이 근무하는 건물은 수목원 곳곳에 퍼져 있다. 참고로 수목원이 좀 넓다. 관람객 입장이 가능한 곳과 그렇지 않은 곳을 합하면 전체 면적이 5179헥타르인데, 약 6000헥타르인 남아프리카공화국의 국립식물원Hantam National Botanical Garden에 이어 세계에서 두 번째로 큰 규모다. 연구동, 교육연수동, 방문자센터, 호랑이센터 등이 있고 그중 연구동에서 직원의 절반 이상이 일한다. 연구동은 지하와 옥상이 딸린 3층짜리 건물이다. 1층에 시드뱅크를 비롯하여 다양한 연구실이 칸칸이 들어차 있다. 시드뱅크는 단기 저장고와 중기 저장고, 건조실과 후숙실을 갖추고 있다. 그곳에서 나의 동료들은 자연에서 수집한 종자를 후숙하고 완전히 건조시켜서 전용 유리병이나 알루미늄 봉투에 담아 단단히 봉한다. 저장 용기 겉면에 종자의 정보가 담긴 QR코드 라벨을 붙인 후 목적에 따라 단기 저장고 또는 중기 저장고에 넣는다. 그 과정에서 씨앗의 생명력을 가늠하는 엑스레이 촬영과 씨앗의 발아 능력을 조사하는 실험을 한다. 씨앗을 시드볼트로 옮기려면 별도의 보안 절차를 거쳐야 한다.

나는 육안으로 정확히 판별이 어려울 때 식물을 확대해서 보려고 1층에 있는 현미경실을 자주 방문한다. 식물체를 해부하거나 염색체를 관찰하거나 DNA 실험을 하느라 유전분석실에도 오래 머무는 편이다.

내 자리는 연구부서 직원 70여 명이 근무하는 3층에 있다. 공공기관 사무실이 대체로 그러하듯, 사무실 자리 배치는 다소 고전적이다. 우리 팀은 나까지 총 일곱 명인데 팀원이 둘씩 서로 책상을 마주하고 있다. 그렇게 서로 향해 있는 여섯 명의 자리를 팀장인 내가 바라보는 식이다. 내 책상은 창을 등지고 있어서 의자를 돌려야 창밖을 볼 수 있다. 창 너머 풍경은 구식에다가 작위적이기까지 한 창 안쪽의 책상 배치와는 다르다. 정면에 시드볼트가 미래지향적으로 서 있고 그 뒤로 백두대간 마루금—구룡산과 옥석산 구간—이 자연 그대로 펼쳐진다. 그러니까 '시드볼트뷰'이면서 '마운틴뷰'다. 회사 일에 치여 숨이 탁 막힐 때 나는 고요히 의자를 돌려 창밖을 내다본다. 등을 돌림으로써 사무적인 일과 매정하게 관계를 끊는 것처럼. 시드볼트와 백두대간이 내 뒤에 있다는 사실을 확인하고 휴, 하면서 호흡을 가다듬는다. 그러고는 다시 몸을 틀어 내 앞에 떨어진 일을 해낸다.

노르웨이에 있는 스발바르 시드볼트와 대한민국 경

상북도 봉화군에 위치한 시드볼트는 차이가 있다. 스발바르 시드볼트는 식량난 대비를 위한 식용 작물 씨앗을 저장한다. 백두대간 시드볼트는 우리 행성에서 인류가 농사짓기 전부터 있던 야생식물의 씨앗을 저장한다. 시드볼트에 들어갈 씨앗을 결정하는 일은 내가 속한 연구부서에서 한다. 멸종위기종과 천연기념물 종자, 훼손된 땅과 산불로 잿더미가 된 숲을 복원할 때 쓸 종자 등을 시급성을 따져가며 정하는 편이다. 그렇다고 식량이 되는 씨앗을 외면하는 건 아니다. 오히려 식량자원뿐만 아니라 식량자원의 원종까지 찾아내서 지키려고 애면글면 한다.

우리가 먹으려고 재배하는 작물의 야생 원종을 찾기 위한 'CWR Crop Wild Relatives 프로젝트'가 유럽을 중심으로 한 국제사회에서 시작된 게 2010년의 일이다. 전 세계적으로 널리 심어 기르는 20여 개 작물을 우선으로 해서 그 원종의 씨앗을 수집하겠다는 건데, 그중 하나가 콩이다.

인류가 사랑하는 식량, 콩. 콩의 원산지가 한반도라는 사실을 아는 이는 많지 않을 것이다. 콩의 기원이 되는 야생식물을 학자들은 '돌콩 *Glycine max* subsp. *soja*'이라고 본다. 콩의 원종인 돌콩이 산과 들에서 저절로 자라고 있어도 우리는 잘 모른다. 수입 콩에 의존하는 게 익숙하고 편해서 관심을 안 두는 건지도 모르겠다. 우리나라 작물인 콩 자급률은 7퍼센트에도 못 미친다고 들었다. 전적으로 수입에 의존하는 셈이다. 대한민국이 콩을 가장 많이 수입하는 나라는 미국이다. 모순되게도 미국은 한반도에서 자라는 재래종 콩 6000여 점을 20세기 초반부터 수집해 가서 품종으로 개발해 세계 각국에 수출하고 있다. 미국이 얻는 경제적인 이익은 엄청나다.

나와 내 동료들은 우리 땅에서 농사를 지어 키우는 작물의 야생 원종을 발굴하는 'K-CWR 프로젝트'를 몇 해 전 시작했다. 앞으로 걸어가야 할 길이 얼마나 멀고 험난할지 아직은 아득하기만 하다. 두려울지라도 우리는 말한다. "길가에 핀 저 들꽃이 왜 중요하냐고 누군가는 물을 수 있겠지요. 우리의 임무는 그 존재를 하나씩 밝히는 것입니다. 오늘 인류가 농사지어 먹는 작물은 길가에 핀 이름 모를 꽃에서 나왔을지도 모르니까요."

우리는 현지의 값싼 노동력으로 특정 농산물을 대량 생산하는 플랜테이션에 의존하며 떠안게 된 부작용을 이미 경험했다. 야생이 우리를 구원하는 시대가 돌아오고 있다. 눈앞의 이익이 절대 권력이라 믿는 이들은 그걸 알까. 알려고는 할까.

2024년 여름부터 얼마간 특별한 전시가 국립백두대

간수목원 방문자센터에서 열렸다. 기후 위기를 걱정하는 젊은 예술가들이 씨앗을 지키는 사람들의 삶을 관찰한 후 작품으로 구현한 거였다. 관람객들의 반응이 무척 뜨거웠다. 수목원 시드볼트 연구자와 전국 각지에서 토종 씨앗을 수호하려 애쓰는 이들, 수목원이 위치한 경북 봉화 오지 마을에서 사과 농사를 짓는 농부들에 대한 오마주였던 이 특별전 제목은 '사명'이다. 이들의 사명은 인류에게 종말이 오고 난 뒤에도 지구에 생명을 되살리려는 어떤 안간힘인지도 모르겠다.

계절의 경계에 서서

늦여름에 물들어

한 계절이 다른 계절로 넘어가는 얼마간의 시기, 그 경계를 나는 사랑한다. 절정의 순간을 맞은 초록이 완만히 누그러지는 때. 여름이 시들어 죽음을 기다리는 때. 그러면서 또 다른 계절로의 부활을 희망하는 때.

여름은 단풍과 낙엽이 서둘러 시작되는 북쪽 마을 또는 저 멀리 보이는 높은 산꼭대기 같은 데서 먼저 가을로 넘어간다. 남녘땅이나 산 아래에서 시작된 지난봄의 만화방창과는 발화 시점이 정반대다. 봄꽃은 북상하고 단풍은 남하한다고 했던가. 가을을 더 일찍 감각하게 되는 곳은 그래서 주로 위에 있다. 내가 있는 곳이 그렇다.

나의 일터인 수목원은 경북 봉화와 강원도 영월의 경계에 있는 산골짜기다. 경북 봉화군 춘양면 서벽리. 산이 바짝 붙어 있는 마을인데, 거리상 경상북도보다는 강원도에 더 가깝다. 그래서인지 기후와 지형이 강원도 평창의 오대산 부근처럼 느껴지기도 한다. 여름에는 덜 덥고, 겨울에는 엄청 춥고 눈이 많이 온다.

    1991년부터 2000년까지 진행된 기상관측 결과를 보면 국내에서 가장 추운 지역이 봉화군 춘양면이었다고 한다. 이 시기 춘양의 평균 최저 기온은 영하 18.95도로 강원도 철원보다도 낮아 한때 한국의 시베리아로 불렸다고 한다. 기후 전문가들의 평가는 이러했다. '춘양면은 다른 지역과 비교하여 해발이 높아 기온이 금세 낮아집니다. 특히 밤에 부는 차가운 바람이 주변의 높은 산에 가로막혀 밤새 머물기 때문에 아침 기온이 더 떨어질 수밖에 없습니다. 거기에 춘양면을 굽이쳐 흐르는 운곡천이 일찍 얼어붙으면서 태양열을 고스란히 반사해버려 밤이면 더욱 추워지는 것이지요.'

    2017년 이 외딴 시골 마을에 수목원이 들어섰다. 그때부터 나는 연구동 근처에 월세방을 얻어 산다. 백두산에서 출발한 한반도의 가장 큰 산줄기가 남한에 와서 처음으로 방향을 틀어 서쪽으로 나아가는 지점에 수목원이 있다. 강원도 태백산과 경상북도 소백산을 잇는 산마루와 산마루 사이. 그래서 이름도 국립백두대간수목원이다. 300여 명 정도인 동료들 중에는 산골짜기의 무료함을 도저히 달랠 방도가 없다며 근처 도시인 영주나 안동으로 나가 사는 경우가 많다.

덕분에 퇴근 후면 부쩍 더 잠잠해지는 이 동네 분위기가 나는 썩 마음에 든다. 더 먼 곳으로의 인사이동이 없는 한 거처를 옮길 생각이 당분간 없다. 여기 살아서 누리게 되는 나만의 호사는 다음과 같다. 첫째, 극진한 돌봄을 받는 수목원 안의 여러 정원과 식물들을 아침저녁으로 산책하며 즐길 수 있다—수목원의 전시 공간을 책임지는 동료들에게 깊은 감사와 존경을 전하며—. 둘째, 계절의 경계에서 발견되는 자연의 변화를 구체적으로 관찰할 수 있다—미세하게 변하는 온도와 습도에 소스라치게 반응하는 식물의 동태를 기록하느라 분주한 채로—. 무엇보다도, 사방을 에워싼 백두대간의 산계가 위로부터 아래로 색을 바꾸는 늦여름의 광경을 시시각각 '직관'할 수 있다. 사무실 책상에 앉아서도, 내 방에 누워서도 창밖으로 그 아름다운 풍경을 넋을 놓고 바라볼 수 있다.

여름이 저물어갈수록 날씨는 청명해진다. 가을이 완전히 도착하기 전까지의 유독 짧은 그 얼마 동안의 시간은 내게 있어 1년 중 다른 어느 때보다도 특별하다. 수목원 이곳저곳을 어슬렁거리며 벌써 동면에 들 준비로 수선스러운 나무와 숙근초를 유심히 보게 된다. 생강나무는 잎이 노르스름해지기 시작한다. 이파리가 연둣빛을 상실한다는 것은 달리 말해 잎으로 향하는 양분을 차단하겠다는 나무의 단호한 의지의 표현이다. 나무는 자신의 에너지를 열매 여물게 하고 겨울눈 만드는 데 쓰겠다고 우리에게 말한다. 나무는 가을이 오기 전에 빨갛고 봉긋한 겨울눈까지 미리 만들어놓는다. 한 나무에서 잎과 열매와 겨울눈이 동시에 서로 다른 색으로 물들기 시작하는 순간은 늦여름에만 있다. 생강나무 아래서 애기나리와 둥굴레 군락은 잎이 다 누렇게 시들었다. 이때 뿌리는 땅속에서 내년 봄이 오면 틔울 새 촉을 하나둘 더 늘리고 있을 것이다. 땅을 파보지 않아도 땅 위의 잎이 노랗게 물드는 걸 보면서 식물의 변화를 안다.

습지 가까이에 있는 버드나무 한 그루는 수백, 수천 개의 잎이 서로 다른 은녹색으로 반짝거린다. 해 지는 저녁과 동트는 새벽의 시간, 숲 가장자리에서 빛의 대비는 더욱 두드러진다. 나는 그 풍경이 너무 아름다워서 걷다 말고 버드나무 수관樹冠 아래 들어가 웅크리고 앉아서 해가 지거나 뜨는 걸 본다. 내 눈앞으로 드리운 버드나무 가지에 매달린 잎은 앞뒤가 각각 녹색과 은색인데, 햇빛에 반사되면 은빛을 띠는 풀색으로 온통 빛이 난다. 누렇게 변하기 싫다는 듯 유독 더 찬란하다. 잎들은 머지않아 너무도 빠르게 습지 위에 황금빛으로 떨어질 것이다. 조락凋落은 초록의 잎사귀가 생기를 잃고 시들어 떨어지는 것을 뜻하는 한자어다. 몰락이나 쇠락을 뜻하기도 한다. 나는 나뭇잎의 조락을 두고 아쉬워하고 슬퍼할 이유가 없다고 생각한다. 나무는 다 뜻하고 계획한 바대로 잎을 땅에 내려놓는 것일 테니.

이번 여름은 특히 거칠었다. 보기 드물게 길었던 무더위와 세차게 퍼붓던 폭우도 지금은 덧없이 사그라들고 있다. 기후가 미쳐가고 있다는 두려운 추측을 여름이 끝나가는 이 찰나에는 잊게 되는 것도 같다.

많은 걱정거리조차 반짝하고 망각하게 되는 경험을 나는 어두운 밤 산속 수목원을 걸으며 하게 된다. 늦반딧불이를 만날 때다. 여름이 기울면 수목원을 관통하는 운곡천 주변에 늦반딧불이가 출몰한다. 늦반딧불이는 얼마간 잔별처럼 빛을 내며 날아다닌다. 그들이 자취를 감추면 가을은 문득 서늘하게 이마에 도착하리라.

가을이 오고 있음을 나는 다양한 방식으로 남들보다 일찍 체감한다. 낙원으로 가는 문을 먼저 연 듯한 기분이 들어 때로는 충만감에 휩싸인다. 8월 말은 어쩌면 이 세상에 없는 계절일 수도 있겠다는, 계절과 계절 사이에 삽입된 신의 선물이 아닐까 하는 엉뚱한 상상도 해보면서.

수목원을 단장하는 업무에 열중인 동료들은 나무가 가지를 무성하게 낼 때 쓰는 가지치기용 전정가위를 덜 꺼낼 것이다. 그 대신 여문 열매를 찾아다니며 부지런히 종자 채집 봉투를 채울 것이다. 파종할 시기를 점치며 발아를 희망할 것이다.

금방 끝날 테지만 아름다움만은 무한한, 어떤 계절의 경계를 지금 나는 지나고 있다.

가을을 알리는 붉나무

붉나무는 야생에 정말 흔하다. 누가 돌보거나 보살피지 않아도 알아서 큰다. 억척스러운 기질로 뿌리를 내리고 양분을 모아 군락을 이룬다. 산을 깎으면 으레 생기는 비탈진 곳이나 척박한 땅에서조차 기세등등하게 자란다. 특히 도로를 내거나 건물을 짓기 위해 깎아낸 황폐한 땅을 서둘러 녹화시키는 능력이 대단하다. 그러한 이유에서 나는 붉나무를 소개할 때 엄지를 치켜들며 이렇게 말한다. 붉나무야말로 훼손된 땅을 복원하는 선구자요 개척자라고.

붉나무꽃은 여름이 제철이다. 잔별을 닮은 상아색 꽃 수십 송이가 다닥다닥 모여 커다란 고깔 모양 꽃차례로 핀다. 붉나무는 우리나라 전역에 살기 때문에 느지막한 여름 어느 동네를 가든 그 화사한 꽃을 감상할 수 있다. 붉나무는 암수딴그루다. 암꽃과 수꽃이 서로 다른 나무에서 핀다. 어떤 게 암그루이고 어떤 게 수그루인지 조금만 관심을 가지면 가늠이 된다. 꽃가루를 팡팡 내뿜는 수그루가 암그루보다 화려하게 보이기 때문이다. 수컷 공작의 깃털처럼, 수컷 각시붕어의 푸른 무늬처럼, 수컷 사슴풍뎅이의 뿔처럼 붉나무 또한 수그루의 꽃이 암그루보다 더 두드러진다. 암그루의 꽃은 비교적 단정하고 차분하다. 밑씨가 든 씨방을 지키려 꽃받침과 꽃잎이 씨방을 야무지게 에워싼 모습은 결연해 보이기까지 한다. 어미의 본능적인 사랑이 바로 이런 것일까 싶다. 바야흐로 수정에 성공한 암꽃은 딴딴한 열매로 익을 것이다. 영근 씨앗은 땅에 흩뿌려져 그다음 생을 이어갈 것이다.

반면에 수꽃은 꽃가루를 탈탈 남김없이 분출하고 나면 이내 시든다. 붉나무 수그루의 생애에서 반짝거리는 꽃의 시간은 참 짧다. 하지만 허망하지만은 않으리라. 수꽃에서 출발한 꽃가루가 암술머리에 닿고 밑씨를 만나 장차 씨앗으로 여물 것이므로. 꽃의 진정한 의미와 미래를 비로소 드러낼 터이니. 어떤 사람은 붉나무 열매의 시간, 다시 말해 꽃이 지고 난 후를 꽃이 필 때보다 더 기다리기도 한다. 붉나무 열매가 인간 삶에 지대한 영향을 끼치기 때문이다.

붉나무의 다른 이름은 염부목鹽膚木이다. 한자를 보

면 '소금 염鹽' 자에 '피부 부膚' 자가 더해진 것으로 열매 거죽에 소금처럼 짠 하얀 가루가 생겨서 붙은 이름이다. 실제로 바다에서 멀리 떨어진 산골 마을에 사는 사람들은 소금 대신 붉나무 열매 표면에 소복이 내려앉은 분말을 썼다. 두부 만들 때 간수로도 넣었다. 짠맛을 내지만 정작 그 가루에 나트륨 성분은 없다고 한다. 신맛을 담당하는 사과산이 주를 이루는데, 인간의 혀는 그 맛이 소금처럼 짜다고 느낀다는 것이다.

붉나무에는 열매처럼 생긴 벌레집이 있다. 진딧물의 한 종류인 '오배자면충'이 붉나무잎에 기생하여 만든 딱딱한 덩어리, 즉 충영이다. 붉나무 충영을 가리켜 한방에서는 오배자五倍子라 부른다. 붉나무 몸에 혹 같은 집을 짓기 시작한 진딧물은 세대를 거듭하며 개체수를 늘린다. 6월에 접어들어 생기기 시작한 충영이 8월에 이르면 족히 다섯 배는 부풀어 아기 주먹만 해진다. 오배자, 즉 '다섯 배五倍의 열매子'라는 뜻의 이름은 거기서 나왔다. 여름을 통과하며 몸집을 양껏 키운 오배자는 가을이 되면 성장을 멈춘다. 그 무렵 오배자면충 진딧물은 벌레집 구멍을 뚫고 바깥세상으로 나온다. 벌레집 하나에는 수백에서 수천 마리의 진딧물이 산다. 약재로 쓰이는 건 진딧물이 탈출하기 전의 충영이다.

만개한 붉나무꽃(좌)과 붉나무의 여문 열매(우).

나는 어릴 때 덩치가 작았고 병치레도 잦았다. 입안이 자주 헐어 구내염을 달고 살았다. 할머니는 정성껏 달인 오배자 물을 내게 자주 먹였다. 쓰고도 떫은, 군내 나는 그 맛 때문에 어린 나는 붉나무를 고약한 나무라고 여겼던 것 같다. 식물분류학 공부를 시작하고 나서야 오배자가 염증을 다스리는 데 효험이 있는 약재임을 알았다. 중국에서는 붉나무에 부러 상처를 내고 진딧물을 주입하는 방식으로 오배자를 대량 생산한다. 국내 약재상에도 중국산 오배자가 국내산보다 더 많이 유통되는 편이다.

할머니는 동네 뒷산이나 집 주변에 자라던 붉나무에서 오배자를 직접 수확했다. 그걸로 삼베에 물도 들였다. 오배자 물이 어떤 날에는 비둘기색으로 들었다가, 또 어떤 날에는 제비꽃색이 되기도 했다. 서로 다른 농도의 잿빛과 보랏빛으로 채색된 옷감이 빨랫줄에 걸려 볕을 받고 바람에 흔들리며 말라갔다. 그 휘발의 시간 동안 가슬가슬한 천들 사이를 오가는 게 나는 정말 좋았다. 널어놓은 삼베에선 오배자를 삶을 때 밴 역한 냄새가 났다. 비위에 거슬리면서도 어쩐지 나는 그 냄새에 자꾸만 끌렸다. 냄새가 어느 정도 빠질 무렵 할머니는 천이 바싹 말랐는지 점검하고 천을 거두었다. 그러면 뒷산은 붉나무 단풍으로 물들기 시작했다.

붉나무는 너무 붉어서 이름도 붉나무다. 가을에 단풍나무보다 일찍 붉은 단풍이 무척 아름답게 든다. 산과 들, 경작지와 벌채지, 민가와 폐가 가리지 않고 무리를 이루며 사니, 붉나무 단풍이 장관을 이루는 장소도 많다. 그중 춘천과 대구를 잇는 중앙고속도로 절개지에는 붉나무가 이룩한 고혹적인 절경이 있다. 소백산 죽령을 통과해 치악산을 넘는 동안에는 붉나무 풍경을 감상하지 않고는 배길 수가 없으므로 고속도로 휴게소나 졸음쉼터에 자꾸만 차를 세우게 된다. 가을에 중앙고속도로를 달리게 되면 그 음미의 시간까지 반영해서 운행 시간을 넉넉히 잡아야 한다.

붉나무 새순을 데쳐서 나물로 먹기도 한다. 장을 담글 때도 선조들은 붉나무를 썼다. 여름철에 주로 담가 먹는 즙장汁醬이 있다. 즙장은 곱게 빻은 메줏가루를 보릿

붉게 물들어가는 붉나무 단풍.

가루, 고춧가루와 함께 찹쌀죽에 섞은 뒤 소금에 절인 푸성귀를 박아 넣고 익힌 장으로, 집장이라고도 하는 발효 음식이다. 여름에 할머니는 보리밥이랑 궁합이 좋다며 즙장을 즐겨 드셨다. 여름철 시절 음식이라고 했다. 텃밭에서 키운 오이나 고추를 장에 넣는 식인데, 어떤 단계에서 붉나무잎을 넣으면 그렇게 별미일 수가 없다고도 했다. 숙성 기간이 짧아 담근 지 며칠 뒤면 먹을 수 있고 새콤하고 엇구수해서 보리밥과 잘 어울린다면서 할머니의 할머니한테 배워 익히신 비법도 알려주셨다.

15세기와 16세기 조선시대 100여 년에 걸쳐 차례로 기록된 3대 요리책 『산가요록』 『수운잡방』 『계미서』에는 하나같이 붉나무 즙장이 등장한다. 여름철에 수확한 곡식과 채소를 넣어 만드는데, 붉나무잎이 들어간다고 정확하게 기록돼 있다. 과정은 이렇다. 나흘에서 닷새 정도 콩을 물에 불려 밀기울—밀을 빻아 체로 쳐서 남은 찌꺼기—을 섞어 찐다. 데운 덩이를 붉나무잎으로 싸서 일주일가량 띄운 뒤 햇볕에 말리고 빻아 메줏가루를 만든다. 거기에 소금을 섞고 채소가 잠기도록 독에 담아 말똥에 묻는다. 이 과정에서 붉나무잎을 쓰는 이유에 대해 문헌은 여름철에 구하기 쉽고 잎의 크기가 커서 공기의 순환이 좋으니 숙성에 제격이라고 설명한다.

붉나무는 옻나무와 같은 혈통의 옻나무과 식물이다. 옻나무만큼 강한 독성은 없을 것이라고 하지만, 그럼에도 옻나무와 유사한 유전자를 갖고 있으니 심하게 옻을 타는 사람이라면 붉나무 또한 조심할 필요가 있다. 그 둘은 형태적으로 쉽게 구분이 된다. 옻나무와 붉나무를 비롯해 옻나무과 식물 모두 잎줄기를 중심으로 작은 잎이 여러 장 깃털처럼 모여 달린다. 그중 붉나무 혼자만 잎줄기에 기다랗게 날개와도 같은 깃이 달려 있다. 또 하나, 붉나무는 잎 가장자리에 톱니처럼 깔쭉깔쭉하게 베여 들어간 자국인 거치鋸齒가 물결 모양이다. 그에 비하면 옻나무는 비교적 매끄러운 편이다.

　수입산 정원수를 취급하는 업계에서 '티피나옻나무'라 부르는 나무가 있다. 우리 붉나무와 같은 속의 형제 식물인데, 붉나무보다 옻나무가 더 익숙하니 편의상 옻나무를 따오고 학명의 가운데 단어인 '티피나'를 붙였다. 국가표준식물목록의 정식 이름은 미국붉나무다. 북아메리카 중동부 지역이 원산지이고 서양에서 관상용으로 널리 재배한다. 열매가 사슴뿔을 닮아서 사슴뿔붉나무라고도 부른다. 강렬한 색감의 단풍이 근사하고 열매는 겨울철 새들의 먹을거리가 된다고 사랑받으며 널리 심어 기르는 식물. 미국붉나무의 진짜 매력은 무엇보다 민속 식물로서의 가치일 것이다. 우리 붉나무처럼 미국붉나무도 열매 가장자리에 사과산 성분의 하얀 가루가 생긴다. 그 신맛을 내는 가루로 '인디언레모네이드'라 불리는 청량음료를 만든다. 그래서 아메리카 선주민 사이에서는 미국붉나무를 식초나무라고 한다. 새콤달콤한 맛이 나는 젤리를 만들어 먹기도 하고, 열매와 잎을 넣어 새금한 향이 나는 담배를 만들어 태우기도 한다.

　나는 어릴 때부터 가깝게 지낸 붉나무와 정이 들었다. 그래서 붉나무를 보면 어느 계절에도 허투루 지나치지 못한다. 아무 데서나 잡목처럼 자라는 성정 때문인지

'티피나옻나무'라 불리며 정원수로 활용되는 미국붉나무의 꽃(좌)과 열매(우).

붉나무가 제대로 대접을 못 받는 것도 사실이다. 나는 그게 못내 서운하다. 우리 붉나무는 무시한 채 수입한 비싼 미국붉나무를 정원이나 공원에 심어 기르는 장면을 목격할 때는 더욱 그렇다.

우리 붉나무가 얼마나 멋진 나무인지를 나는 다시 말하지 않을 수 없다. 정원에 심어 가꾸는 나무에 그러하듯이 좀 더 정성껏, 다정하게 붉나무를 대해도 좋겠다는 생각도 든다. 자연이라는 정원에서 붉나무는 천연하게 그러나 매우 찬란하게 꽃을 피우고 있다. 열매라는 거룩한 단계로 나아가는 중이다. 그리고 머지않아 잎을 붉게 칠하고 가을을 데려올 것이다.

나무의 안위와 풀잎의 안부

　2022년 10월의 어느 날 저녁, 러시아가 우크라이나를 미사일로 공격했다는 소식이 속보로 나왔다. 그해 2월에 전쟁이 시작된 이래로 러시아가 우크라이나 도심에 가한 가장 맹렬한 폭격이 월요일 아침 키이우를 무자비하게 덮쳤다는 뉴스였다. 그곳 부근의 삼성 사옥이 조금 파손되었으며 다행히 우리 교민은 안전하다고 했다. 나는 휴일을 보내고 있었으므로 푸틴아 작작 좀 해라, 속상한 마음에 혼잣말을 하면서도 한편으로는 그 상황을 모른 척하고 싶었다. 다음 날 출근해야 한다는 현실이 내가 수행하고 있는 전쟁이었으니까. 전쟁은 강 건너 불이었다. 실제로 러시아와 우크라이나를 거쳐 흑해로 흘러드는 드니프로강, 그 강 너머 먼 나라의 일이기도 했다.
　일주일쯤 지났을까. 식물 표본을 들여다보다가 나는 우크라이나 국립식물표본관이 키이우에 있다는 사실을 떠올렸다. 갑자기 조바심이 나기 시작했다. 식물분류학의 전통에 따르면 중요한 표본의 경우 두어 점 더 넉넉하게 채집해서 '중복 표본'이라는 걸 만들고 서로 다른 표본관에 보관한다. 소중한 자료를 잃어버리지 않으려고 똑같은 파일을 여분으로 복사해두는 것과 같은 일종의 백업 방식이다. 우리나라는 한국전쟁을 거치며 그 이전에 채집된 식물표본을 거의 다 잃었다. 그래서 한국전쟁 이전에 우리나라에서 채집됐던 식물표본을 보려면 그것을 지금까지 무사히 보관하고 있는 외국 표본관을 순례해야 한다.

10여 년 전만 해도 외국에 있는 우리 식물의 표본을 만나려면 비행기를 타야 했다. 하지만 이제는 온라인으로 충분히 확인할 수 있는 세상이 되었다. 각 표본관에서 보관하고 있는 표본 중에 중요하다고 판단하는 기준 표본—신종을 발표할 때 그걸 명명하는 분류학자가 근거로 제시하는 표본—은 관련 정보를 검색하면 바로 결과가 나오도록 되어 있다. 내가 확인하고자 하는 표본의 구체적인 채집 정보를 표본관 담당자에게 제공하면 고해상도로 스캔한 표본 사진을 메일로 받을 수도 있다. 그 과정에서 어딘가에 오래 묵혀 있던 표본이 기준 표본이라는 사실을 새롭게 발견하는 때도 있다.

우크라이나 국립식물표본관은 평소에 내가 많은 정보를 얻는 곳들 중 하나다. 2021년에 100주년 기념 행사를 갖기도 한 그곳에는 18세기부터 유럽과 아시아를 넘나들며 수집된 식물표본이 잘 보존되어 있고 우크라이나의 식물이 이렇게 다양하다는 것을 증명하는 표본이 70만여 점이나 보관되어 있다. 무엇보다 100년 전통의 〈우크라이나 식물분류학회지Ukrainian Botanical Journal〉가 격월로 발간되어 표본관 홈페이지에 업로드되기 때문에 한 달 걸러 꼭 방문하게 되는 곳이다. 이 학회지는 우크라이나 전쟁이 시작된 이후에도 한 번도 거르지 않고 발간되었다. 그래서 나는 10월의 미사일 폭격이 있기 전까지는 전쟁 상황이 그리 위급하지 않을 거라는 생각을 했었다.

10월 20일, 우크라이나 국립식물표본관 홈페이지에 접속했더니 근황이 올라와 있었다. 러시아의 미사일 공격으로 표본관이 피해를 입었다는 소식이었다. 다행스러운 점은 건물이 좀 파괴되었지만 장 안에 보관된 표본은 멀쩡하며 거기서 일하는 연구원들의 인명 피해도 없다는 것이었다. 이후 몇 차례 계속된 러시아의 공격으로 전력 공급이 원활하지 않다는 소식이 들렸다. 식물표본에 대한 정보 제공이 어려울 수 있으니 양해를 구한다고도 했다. 그때부터 내 안에 걱정이 눈덩이처럼 커지기 시작했다. 나는 〈가디언〉에서 실시간으로 전하는 우크라이나 현지 전쟁 소식을 아침저녁으로 확인했다. 실상은 생각보다 참혹했다.

10월 30일, 평소대로라면 우크라이나 국립식물표본관 홈페이지에 그해의 다섯 번째 학회지가 올라오는 날이었다. 애가 타서 조마조마한 채로 홈페이지에 접속했다. 와, 다행이었다. 보통 때처럼 간결하게 정돈된 논문 몇 편이 실려 있었다. 우크라이나 초원 서식지 보전의 필요성에 대한 논문이 먼저 눈에 들어왔다. 그리고 평소와는 조금 다른 느낌의 논문 한 편이 가장 마지막에 소개되어 있었다. 제목은 이랬다.

> 2022년 10월 10일 미사일 공격으로 피해를 입은 우크라이나 표본관

논문은 우크라이나 식물표본관을 담당하는 두 식물분류학자의 기록이었다. 논문의 저자는 10월 10일 오전 8시, 우크라이나 전역에 러시아의 미사일과 이란에서 지원한 자폭 드론이 무차별적으로 떨어져서 키이우 도심의 등굣길과 출근길 민간인 피해가 컸다고 적었다. 구체적으로 식물표본관을 중심으로 우크라이나에서 가장 권위

있는 키이우국립대학과 이 대학의 오래된 부속 건물, 인근 박물관과 미술관이 큰 피해를 입었다는 사실도 알렸다. 그 건물들은 군사적 목적의 시설물이 아니며 역사적으로 어떤 가치를 지니는가를 조목조목 설명했다. 홀로코스트를 연구하는 역사학자 티머시 스나이더가 〈뉴욕타임스〉에 기고한 칼럼 「우리는 그것을 말해야 합니다. 러시아는 파시스트입니다.We Should Say It. Russia is Fascist.」의 한 대목을 인용하기도 했다. 우크라이나가 저항하지 않았다면 전 세계에 암흑이 왔을 것이며, 우크라이나가 이기지 못한다면 수십 년의 어둠을 예상해야 한다고.

특히 식물표본관의 피해를 알리는 대목에서는 가슴이 아려왔다. 그들은 "식물표본관의 과학적, 역사적, 문화적 풍부함과 가치는 짧게 설명할 수 있는 영역이 아니"라며 표본관이 "이미 밝혀졌거나 부분적으로는 여전히 숨겨진 과학적 지식의 실제 보관소"라는 점을 분명히 적었다. 논문에서 저자들은 그곳이 러시아의 침공으로 어떤 피해를 입었는지 아주 상세히 보고하면서 아래와 같은 문장으로 각오를 밝혔다.

다가오는 겨울은 우크라이나의 역사에서 가장 힘든 겨울 중 하나가 될 것으로 예상됩니다. 무자비한 공격을 일삼는 과거의 전쟁을 답습해서는 우리 우크라이나를 결코 그들 편에 서게 할 수 없습니다. 러시아는 우크라이나의 전력과 열과 물과 기타 생명 유지에 필요한 자원을 차단하는 방식으로 비겁한 대량 학살을 계획하고 있습니다. 이러한 상황에서 우리의 가장 큰 목표는 세계적으로 중요한 문화적, 과학적 가치를 지니는 우크라이나의 국립식물표본관을 지키는 것입니다.

논문이 나온 이후로도 러시아의 공습은 계속되었다. 그간 표본관 학자들은 해마다 여섯 번씩 빠짐없이 학회지를 펴냈다. 멸종위기에 처한 식물들을 새롭게 찾아내고 그들이 사는 땅을 보호해야 한다는 논문을 전보다 더 많이 싣고 있다. 전쟁의 참화 속에서 나무의 안위를 걱정하고 풀잎의 안부를 전하는 사람들, 우크라이나 국립식물표본관을 지키기 위해 고투하고 있는 동료들에게 경의와 사랑과 응원과 우정의 마음을 보낸다.

겨우살이의 생존법

겨우살이는 다른 나무에 뿌리 내리고 사는 기생식물이다. 기생식물이지만 나무다. 그것도 상록수다. 나무 꼭대기에 있으니 주변 식물과의 빛 경쟁에서 대체로 앞서는 편이다. 스스로 광합성을 하고 양분을 만든다. 그래서 겨우살이를 정확하게는 반半기생식물이라 부른다. 한겨울에도 겨우살이는 황금빛이 감도는 녹색을 자랑한다. 그건 지상의 색이라기보다는 뭐랄까, 다른 행성에서 되쏘는 빛의 파장 같다.

겨우살이는 볼수록 신비로운 데가 있다. 유럽에는 이 나무를 신성시하는 전통이 있다. 하늘과 땅 사이에 매달려 상록으로 생명의 영속성을 말하는 식물이라는 것이다. 베르길리우스의 서사시 『아이네이스』가 그러하듯이 고대 그리스와 로마의 작가들은 겨우살이로부터 자주 영감을 받았다. 켈트 다신교의 성직자 드루이드가 겨우살이를 숭배하던 시절, 사람들은 겨우살이가 기생식물이 아니라 신령한 나무에만 돋는 일종의 사마귀 같은 거라고 생각했다. 그때의 신화는 오늘날까지 이어져 서양에서는 이 나무를 행운의 상징이자 액운을 무찌르는 부적과 같다고 여긴다. 겨우살이를 연인의 나무라고 부르기도 한다. 겨우살이 가지 아래에서 사랑하는 누군가를 만나면 입을 맞추게 된다는 오래된 이야기가 있다. 프랑스에서는 지금도 새해에 겨우살이 가지를 나눠주며 복 많이 받으라는 덕담을 주고받는다.

지구에는 1000종이 넘는 겨우살이 종류가 번성하고 있다. 극한 환경을 제외하고는 지구의 거의 모든 곳에 분포해 있다. 숙주가 있는 한 겨우살이는 어떻게든 살 방법을 찾는다. 생물학적인 구분으로 본다면 우리나라에는 네 종류의 겨우살이가 있다. 겨우살이, 꼬리겨우살이, 참나무겨우살이, 동백나무겨우살이인데, 그들 모두 우리나라뿐만 아니라 동아시아에 널리 퍼져 살아간다. 그중 겨우살이와 꼬리겨우살이는 우리나라 전역 깊은 산지에, 참나무겨우살이와 동백나무겨우살이는 겨울이 비교적 따뜻한 남부지방에 산다. 전국에 가장 널리 분포하는 건 겨우살이다.

갈잎나무가 무성하게 잎을 달고 있을 때는 겨우살

느티나무, 참나무 등 활엽낙엽수에서 물과 영양분을 흡수하는 반기생식물 겨우살이의 전체 모습.

이가 잘 안 보인다. 그 나무가 잎을 잃기 시작해야 겨우살이는 서서히 노출된다. 제대로 덩치를 키운 겨우살이의 모양과 크기는 까치 둥지를 닮았다. 겨우살이는 뽕나무류, 참나무류, 팽나무류 구분하지 않고 기주 나무에 의지해서 한 해에 한 마디씩, 천천히 성장한다. 덕분에 겨우살이 마디를 세면 나이를 알 수 있다. 가지가 가지를 치고 또 치는 방식으로 동글한 체구를 이루기까지 20년 이상 걸린다. 기생의 삶은 만만하지 않다. 대담하지만 신중하고, 치밀하면서도 집요해야 한다.

출발은 한 톨의 씨앗에서부터다. 겨울에 익는 겨우

살이 열매는 앵두만 하다. 특유의 오묘한 분위기는 열매 한 알에도 꽉 차 있다. 속이 환히 비치도록 맑아서 그 안에 든 씨앗이 다 보이기 때문이다. 얇은 껍질 안쪽에 투명하고도 끈적끈적한 속살이 한 개의 씨앗을 싸고 있다. 우리나라에 사는 겨우살이는 열매가 대부분 황금색이다. 드물게 붉은색이 있고―그걸 붉은겨우살이라고 구분해서 부르기도 한다―, 노랑과 빨강이 섞인 경우도 있다―유럽겨우살이는 흰색이다―. 겨우살이 열매는 새들의 겨울 식량이다. 새들은 특별한 단맛과 달라붙는 질감, 영롱한 색감을 가진 이 열매를 사랑한다. 먹을 것 구하기 힘든 계절에 탐스럽게 익어서 더 그럴 것이다. 새들은 겨우살이 열매를 먹고 얼마간 날아가서 배변하는 방식으로 씨앗을 퍼뜨린다. 부리나 깃털에 씨앗이 붙어 가기도 한다. 겨우살이가 자손을 멀리 퍼뜨리고 싶어 하면 이때 새들이 훌륭한 조력자가 되는 셈이다. 개똥지빠귀와 직박구리와 황여새와 같은 조류에게 겨우살이는 자기 열매를 넉넉하게 내준다. 종자를 퍼뜨리는 건 자손을 많이 보겠다는 목적도 있지만 기주 나무를 덜 힘들게 하려는 전략이기도 하다. 골고루 분산시켜 어느 한 나무에만 치우쳐 기생하지 않겠다는 의지인 것이다. 기생의 삶은 결코 숙주를 죽음으로 내몰지 않는다.

이른 봄. 강원도 삼척시 덕항산에서 만난 영롱한 빛깔의 겨우살이 열매.

깊은 산에 조사하러 갔다가 나뭇가지에 붙은 겨우살이에 또 다른 겨우살이가 세 들어 사는 걸 볼 때가 있다. 겨우살이가 이미 사는 자리에 새똥이 겹쳐 떨어진 것일 터다. 운 좋게도 그러한 겨우살이 사슬을 만나면 여기가 새들이 똥오줌 누기 좋은 자리구나, 하는 마음에 나는 반가워서 함박웃음을 짓는다.

새들의 내장을 통과한 씨앗은 훼손되지 않은 채 고스란히 배출된다. 그건 씨앗을 감싸고 있는 과육의 끈적거리는 섬유질 덕분이다. 그 접착성 물질이 비스신^{Viscin}이다. 끈끈한 정도가 아주 강해서 옛사람들은 그걸 나무에 잔뜩 묻히는 방식으로 새를 잡았다. 비스신은 잘 붙고

방수와 재생 능력을 두루 갖춰서 상처 난 데 붙이는 밴드처럼 쓸 수도 있다.

겨우살이의 투명한 열매는 어떻게든 터진다. 새가 부리로 쫄 때 생기는 외력으로, 높은 데서 아래로 떨어지는 중력으로, 열매 저 혼자 수분을 응축시켜서 팡 폭발하는 압력으로. 그래야 발아를 향해 나아갈 수 있다. 열매를 탈출한 씨앗은 *끈끈한 섬유질*을 두른 채 이 나무, 저 나무 안 가리고 척척 들러붙는다. 땅에 떨어지면 낭패다. 반드시 숙주가 되어줄 나무에 안착해야 한다. 수피의 갈라진 틈을 비집고 나무 내부로 가느다란 뿌리를 내리면, 흡착 능력이 있는 뿌리는 금세 체관부와 물관부로 손길을 뻗는다. 그렇게 겨우살이는 숙주로부터 수분과 양분을 빨아들인다.

새들한테 먹히지 않는다면 열매는 꽃이 필 때까지 그대로 달려 있기도 한다. 꽃 피우지 않고 열매가 어찌 존재할까. 겨우살이는 암꽃과 수꽃이 서로 다른 나무에서 피는 암수딴그루다. 나무가 적어도 4~5년은 커야 첫 꽃이 핀다. 겨우살이 꽃은 봄에 핀다. 꽃이 작아도 너무 작고, 꽃과 잎과 가지가 다 비슷한 색깔이라 꽃이 피어도 망막에 비친 것으로는 그게 꽃인지 잘 모른다. 하지만 향기는 확실하다. 오렌지와 사과가 한데 섞여 농익는다면 겨우살이 꽃향기가 될 것이다. 자연에서 겨우살이는 수그루보다 암그루가 적어도 두 배 이상 많다. 향기는 수그루가 더 짙은 편이다. 개미와 꿀벌, 파리 같은 작은 곤충들이 서둘러 찾아와 수꽃이 빚은 꽃가루를 암꽃의 암술머리에 갖다 묻힌다. 곤충의 방문이 없어도 겨우살이 꽃가루는 바람에 실려 이 꽃과 저 꽃을 경계 없이 넘나든다.

겨우살이의 영어 이름은 '미슬토Mistletoe'다. 똥을 뜻하는 미슬mistle과 나뭇가지라는 뜻의 탠tan이 합쳐진 것으로, 앵글로색슨족의 단어에서 왔다는 설이 있다. 미슬토는 요즘 의학계에서 유명하다. 암 환자를 대상으로 가장 널리 연구된 대체요법 중 하나가 미슬토 처방이라서 그렇다. 20세기 초 인지학의 창시자인 루돌프 슈타이너와 스위스 의사 이타 베그만이 미슬토 주사 항암요법을 처음 제안한 이래 100여 년 동안 유럽의 많은 병원에서 겨우살이로 암 환자들을 치료해왔다고 들었다. 실제로 사람을 구하는 데 겨우살이를 사용한 것은 아주 오래된 일이다. 기원전 히포크라테스는 비장과 월경에 관련된 질환을 치료하는 데 겨우살이를 쓴다고 기록했고, 2세기에 활동했던 플라톤학파 철학자 켈수스는 부기와 종양에 겨우살이를 사용한다고 썼다. 16세기에 이르러 겨우살이는 유럽의 여러 문헌에 등장하며 각종 질환에 대한 약효를

증명한다. 오늘날 약으로 주로 쓰는 건 유럽겨우살이와 우리나라를 포함한 동아시아에 사는 겨우살이다.

영국은 고대의 전통을 이어받아 12월 1일을 '국가 겨우살이의 날'로 지정해서 기념한다. 영국 우스터셔주 북서쪽에 있는 도시 텐버리웰스는 겨우살이 무역의 중심지다. 그 도시 사람들은 오래된 사과나무와 라임나무 과수원에서 겨우살이를 키운다. 도시는 크리스마스 시즌을 앞두고 겨우살이를 비롯해 호랑가시나무와 포인세티아와 같은 크리스마스를 장식하는 식물 경매 시장이 열려 분주하다. 새로운 땅을 찾아 아메리카 대륙으로 건너간 이들 사이에서도 겨우살이를 특별한 식물로 여기는 관습은 이어졌다.

그러고 보면 역사는 겨우살이에 의해 기록된 것도 같다. 역사에서 겨우살이는 전쟁을 멈추게도 했다. 과거 북유럽 사람들은 그들이 숭배한 겨우살이가 평화를 가져온다고 믿었다 한다. 적들과 겨우살이가 사는 나무 아래에서 마주치면 반드시 싸움을 멈춰야 했다는 유럽의 옛 문헌을 읽을 때마다 나는 마음이 쓰리고 아프다. 제2차 세계대전 후반에 독일이 개발한 폭격기 이름은 모순되게도 겨우살이를 뜻하는 독일어 미스텔[Mistel]이다. 전투기 아래에 폭발물이 든 무인기를 장착한 모습이 나무 위에 사는 겨우살이 같다고 붙여진 이름이다. 그 무기는 침공에 유리하게 차츰 더 작고 가벼워졌다. 지금 전쟁이 치열한 러시아와 우크라이나, 이스라엘과 팔레스타인 땅에도 겨우살이는 드넓게 퍼져 있다. 그곳에서 드론이 하늘을 날면서 폭격 대상을 찾는 게 아니라 겨우살이를 발견하고 평화의 깃발을 펼칠 수 있다면 얼마나 좋을까.

이제 가을은 유독 더디게 도착하는 것 같다. 이러다 가을이 사라지는 거 아니냐고 우려하는 이들도 있을 것이다. 그런 근심 따위 아랑곳없다는 듯 갈잎나무는 어김없이 제 몸에서 물든 잎을 뚝뚝 떨군다. 나는 기후 위기와 전쟁 같은 말이 몰고 오는 두려움을 잠시 내려놓고, 깊어가는 가을과 머지않은 겨울을 있는 그대로 받아들인다. 나무는 잎을 모조리 잃고서야 진짜 수형을 드러낼 테지. 나목은 무장도, 꾸밈도, 감춤도 없을 테지. 그러니 나목은 제 것이 아닌 걸 더 선명하게 드러내는 것이겠지.

그 평화로운 모습을 관찰하기 좋은 시기가 왔다. 단단히 채비하고 되도록 멀고 높고 깊은 산으로 나서보자. 민가 주변이나 야트막한 산에서는 쉽게 볼 수 없는 겨우살이가 사는 곳에 가닿을지도 모를 일이니. 황금 녹색의 생명체가 둥글게 둥글게 모여 사는 그 외경의 풍경을 직접 본다면, 그 전과 후의 삶은 같을 수가 없을 것이다.

꽃이 피지 않아도 나는 두근거린다

오늘은 2월의 마지막 날. 내일부터 3월이 시작된다. 날이 좀 풀렸다지만 백두대간 옥석산 정상은 며칠 전 내린 눈으로 하얗게 덮여 있다. 언 땅을 뚫고 싹을 내는 강인한 식물이 있기는 해도 봄이 왔다고 선포하기에는 아직 이르다. 그럼에도 봄이 온다는 기대에 그 어느 때보다 설렘이 증폭하는 날이 2월의 마지막 날 아닐까 싶다. 누군가는 입학과 개학을 앞두고 마음이 들떠서 풀잎처럼 두근거리겠지. 나는 온실에서 키운 모종이 어서 노지로 나가 뿌리를 내리기를 바라며 모처럼 수목원을 한 바퀴 돈다.

겨우내 잠자코 있던 식물들의 삶의 양태가 급변하는 기점이 오늘이기도 하다. 내 주변에 사는 식물들이 겨울을 잘 통과했는지 들여다보느라 오늘 나는 특히 좀 바쁘다. 꽃이 활짝 필 때보다 실제로 내가 식물들의 말에 더욱 귀 기울이고 세심하게 살피는 때가 바로 지금이다.

서둘러 꽃을 피울 준비를 하는 식물부터 방문한다. 때맞춰 호랑버들이 겨울눈을 뚫고 꽃차례를 쏘옥 내밀었다. 겨울눈은 혹독한 환경을 무사히 견디기 위해 나무가 선택한 생존 전략이다. 겨울이라는 고비를 아무 탈 없이 통과하기 위하여 나무는 눈을 지키는 일에 힘을 쏟는다. 나무의 눈은 분열하고 발달하여 장차 잎이나 꽃이 되는, 한 식물체의 기원과도 같은 기관이다. 그래서 식물의 눈을 말하는 한자 '아芽'는 '시초'나 '시작'이라는 뜻으로도 사용된다. 나무는 길어지는 낮의 시간에 비례해서 겨울눈을 봉긋하게 키운다. 그 모습을 추적하다 보면 다른 나무들을 미처 다 관찰하기도 전에 빵긋 꽃눈이 터지고 만다. 그러면 나는 반가운 마음에 좋아하다가 돌연 아휴, 하고 한숨을 길게 쉰다. 겨울눈 피기 직전의 형태를 제대로 기록하지 못하면 그걸 다시 확인하기 위해서 이듬해까지 기다려야 하니까. 자칫하면 몇 년 후가 될 수도 있다. 꽃을 피울 형편이 아니다 싶으면 주저하지 않고 개화를 건너뛰는 게 식물이니까. 그리하여 나는 봄이 오기 전부터 식물의 면면을 관찰하는 일에 내 모든 시간을 맞추게 되었다.

뭐 한다고 얼굴 한번 볼 시간이 없느냐고 못내 서운

호랑버들이 겨울눈을 뚫고 꽃차례를 내밀고 있다. 활짝 핀 수꽃은 샛노란 꽃밥을 만든다(위). 키버들 꽃차례와 붉은 암술을 내민 암꽃(아래). 우리 선조들은 키버들 가지를 모아서 곡식 따위를 까불러 쭉정이나 티끌을 골라내는 도구인 키를 만들어 썼다.

함을 내비치는 지인에게 식물이랑 약속이 있어서 안 된다고 사정 좀 봐달라고 오히려 내가 부탁을 하는 편이다. 자네가 죽고 못 사는 그 식물도 자기 새끼 보겠다고 꽃 피우고 씨를 맺는데 사람 안 만나느냐고, 결혼은 언제 할 거냐고 반문하는 어르신도 있다. 그러면 나는 대화가 더는 이어지지 않길 바라며 그러게요, 하고 고개를 주억대고 만다. 그리고 속으로 대꾸한다.

'저도 그게 궁금해서 한 10년 넘게 관찰했어요. 흐드러지게 핀 그 많은 꽃 중에 수정에 성공해서 열매를 맺고 잘 익은 씨앗을 낳는 친구들이 열에 하나는 될까 싶어요. 환경이 안 좋을수록 그 확률은 훨씬 더 낮아지더라고요.'

저마다의 기질에 맞게 호랑버들은 산에 살고 갯버들은 냇가에 산다. 볕 잘 드는 곳의 갯버들은 벌써 꽃을 틔워 강아지 꼬리를 닮은 꽃차례를 살랑살랑 흔든다. 갯버들 군락에 더러 섞여 자라는 희귀식물 키버들도 꽃이 폈다. 개인적으로 내가 버드나무 종류 중에 가장 좋아하는, 갯버들보다 몇 배는 더 예쁘다고 생각하는 키버들. 내가 태어나기 전에 할아버지는 그 나뭇가지를 모으고 얽어서 키를 만들었다. 할아버지가 남긴 유품과도 같은 키를 머리에 쓰고 옆집 할머니 댁에 소금을 얻으러 갔던 예닐곱 살 때의 기억이 있다. 밤새 악몽에 시달리고 눈을 뜬 아침이었다.

천변 둑에는 벼룩나물과 별꽃과 광대나물이 연둣빛 싹을 틔웠다. 식물 공부를 시작하던 대학원 초년 시절에만 해도 이 무렵 올라온 새싹만으로 종을 알아내는 게 그렇게 어려웠다. 내심 흐뭇하면서도 세월이 꽤 지나갔구나 싶다. 하기야 연년생 언니랑 소꿉놀이하던 유년의 기억이 어제의 일처럼 생생한데, 이제는 언니가 낳은 연년생 남매가 소꿉을 논다. 지금은 별의별 장난감으로 살림살이를 흉내 낼 수 있지만 30년 전만 해도 시골에 살던 내게는 흙과 돌과 풀이 전부였다. 흙으로 도우를 빚고 주변 꽃들로 장식을 해서 근사한 케이크를 만들곤 했다. 그때 하얀 생크림이라고 덕지덕지 붙였던 게 벼룩나물과 별꽃이고 분홍색 초라고 꽂았던 게 광대나물꽃이다. 그때는 알지 못했던 이름들…….

올괴불나무 꽃눈이 보동보동 부풀었다. 우리 주변에서 일찍 피는 봄꽃은 매화와 산수유다. 하지만 심어 기르는 것 말고 실제로 우리 숲에서 가장 먼저 꽃눈을 틔우는 나무 가운데 하나가 올괴불나무다. 늦봄에 꽃이 피는 괴불나무와 달리 봄이 채 오기도 전에 올되게 꽃을 피우는 올괴불나무. 그 나무는 언젠가부터 엄마가 가장 좋아하는 나무가 되었다. 몇 해 전의 일이다. 오래간만에 고향에 내려간 내게 엄마는 네가 외롭지는 않을까 걱정된다고 말문을 열었다. 식물도 좋지만 그래도 의지할 누군가가 곁에 있어야 할 것 아니냐고 재차 말했다. 나는 애써 외면한 채 엄마 뒤로 덤불에 핀 꽃을 가리키며 말했다.

"우와, 엄마 올괴불나무다! 이것 봐 엄마. 아직 숲이 휑한데 혼자 꽃이 폈잖아. 이 연약한 친구가 겁도 없이. 꽃샘추위가 무섭지도 않나 봐. 더 대단한 건 향기야, 향기. 엄마 여기 꽃부리에 코 갖다 대고 좀 맡아봐. 어때? 옅은 치자꽃 향이지?"

세상에 이런 향이 다 있냐며, 환갑이 넘도록 이걸 모르고 살았다며 엄마는 소녀처럼 발을 동동 굴렀다. 그날 이후로 올괴불나무는 엄마의 '최애' 나무가 되었고 나는 올괴불나무 앞에만 서면 그날의 속내를 고해성사처럼 고백하게 되었다.

'있지 엄마, 나는 사람들 속에 있으면 외롭고 힘들어. 타인이 나를 어떻게 바라볼지 걱정하느라 맞지도 않은 취향을 애써 끼워 맞추고 행여나 나의 언행이 누군가에게 상처가 되진 않을까 망설이느라 마음이 곪고, 그래서 사람들 만나고 돌아오면 그렇게 헛헛할 수가 없어. 그런데 엄마, 나는 식물들 옆에 있으면 기쁘고 행복해. 사람들 사는 세상에서 하는 고민과 걱정은 안 하게 되거든.

올괴불나무의 꽃눈과 활짝 핀 꽃. 늦봄에 피는 괴불나무와 달리 이른 봄에 올되게 핀다는 올괴불나무 꽃에서는 은은한 치자꽃 향기가 난다.

나를 있는 그대로 보여줄 수 있어. 이게 살아 있는 거구나 싶어. 식물을 만나고 돌보는 일이 내게는 일종의 자기 보호야. 그래야 내가 살 수 있어서, 살아낼 힘을 얻을 수 있어서. 엄마가 만사 잊고 나를 반기는 것처럼 나도 그래, 식물들한테 말이야.'

'잎'이라는 삶으로 뚜벅뚜벅 나아가는 눈을 '잎눈' 또는 '엽아葉芽'라 말하고 꽃의 길을 사뿐사뿐 걸어가는 눈을 '꽃눈' 또는 '화아花芽'라고 한다. 꽃을 품은 꽃눈이 잎눈보다 크기 마련이다. 잎보다 꽃이 더 복잡한 구조를 지녔다는 사실에서 유추해볼 수 있다. 올괴불나무의 부푼 꽃눈이 꽃으로 변할 날이 머지않았다. 하루, 이틀, 그 날이 오기를 센다. 엄마 모시고 꽃 보러 갈 거니까.

박주가리의 디아스포라

겨울에 꽃이 없다고 방 안에 틀어박혀 한숨을 내쉴 필요는 없다. 마른 넝쿨이 질서 없이 우거진 곳을 지나가다 보면 꽃보다 진기한 박주가리 씨앗을 만날 수 있다. 이보다 우아하게 비행하는 생명체가 있었던가 싶을 정도로 고운 깃털을 달고 둥둥 떠다니는 박주가리 씨앗 말이다. 이 추위에 방한 장비도 없이 저토록 자유롭다니. 그 모습은 꼭 발레리나의 착지를 몇 배속으로 느리게 보는 것처럼 환상적이다. 햇빛이 씨앗 깃털에 내려앉기라도 하면 너무 반짝반짝해서 마치 봄볕이 시냇물에 닿아 환하게 부서지는 것만 같다.

초겨울부터 박주가리는 제 열매를 쪽 하고 열어 그 안에 든 씨앗을 떠나보낸다. 전보다 춥고 건조해질수록 모체에서 떨어져 나오는 씨앗이 많아진다. 이들 씨앗 하나하나를 '수과'라고 한다. 먼 곳으로 날아가기 위해서는 자꾸만 더 비워야 하는 걸까. 여윌 수瘦, 과실 과果. 이름 그대로 파리하게 여문 박주가리 수과에는 민들레처럼 더 잘 날기 위한 솜털이 달려 있다. 그 솜털은 민들레 씨앗보다 더 크고 더 길고 더 반짝인다.

씨앗을 흩어 퍼뜨리기 위해 씨앗에 달린 부속 장치와 그것이 하는 역할을 통칭해서 식물분류학 용어로 다이어스포어diaspore라고 한다. '파종'이라는 뜻의 고대 그리스어 단어에서 비롯됐는데, 본토를 떠나 타국에서 살아가는 공동체 집단 혹은 이주 그 자체를 의미하는 디아스포라와 어원이 같다. 식물은 저마다 다양한 다이어스포어 전술을 써서 종을 유지하고 개체의 영역을 확장한다.

단풍나무 씨앗처럼 프로펠러를 달아 속도를 좀 더 내거나, 마삭줄 씨앗처럼 팽그르르 돌아서 곧장 땅으로 내리꽂히는 화끈한 방식도 있다. 때로는 동물을 이용하기도 한다. 제비꽃이나 며느리밥풀 종류는 씨앗에 '엘라이오솜'이라는 달콤한 부속체를 붙여서 개미를 꼬드긴다. 그러면 개미는 엘라이오솜이 붙은 씨앗을 통째로 들고 옮겨 다니며 엘라이오솜만 먹고 씨앗은 남긴다. 식물로서는 그야말로 성공적인 산포가 이뤄지는 것이다. 산딸기 종류처럼 아예 씨앗을 과육질로 둘러싸서 동물 몸속으로 들어가는 전략을 쓰기도 한다. 동물의 따스한 내

박주가리 씨앗 하나를 말할 때 '수과'라고 한다. 여윌 수瘦, 과실 과果. 이름 그대로 파리하게 여문 박주가리 수과에는 더 잘 날기 위해서 민들레처럼 솜털이 달려 있다. 그 솜털은 민들레 씨앗보다 더 크고 더 길고 더 반짝인다.

장을 통과한 씨앗은 대체로 그렇지 않은 경우보다 발아력이 높아진다. 흩어 퍼뜨리기 위한 전술이 무엇이냐에 따라 식물은 다양한 형태의 수과를 갖게 된다.

눈이 내렸다가 그쳤다가를 반복하는 겨울, 박주가리는 솜털을 단 씨앗을 퍼뜨리며 한창 '디아스포라'를 하고 있다. 한 알의 씨에 달린 솜털이 말 그대로 새의 깃 같아서 내가 붙인 애칭은 '씨앗깃'이다. 그런데 어쩐지 앞서 언급한 화려한 종자 산포 전술에 비해 박주가리는 느긋하고 평안해 보이기까지 한다. 어떤 의도를 품고 특정한 땅에 가닿으려는 건 아닌 것 같고, 더 많은 땅을 점령

하려는 목적도 아닌 것 같고, 본토에서 쫓겨난 건 더더욱 아닌 듯하다. 내가 관찰한 바로는 다만 겨울바람을 기다리는 모습이다. 어떤 목적지를 정해놓고 출발하는 게 아니라, 자유로운 여행자처럼 또는 어딘가에 자신을 온전히 맡긴 순례자나 수행자처럼.

박주가리. 열매 모양이 박을 닮았고 쭉 하고 갈라진다고 해서 박조가리라고 하다가 박주가리가 됐으리라 짐작한다. 꽃도 박꽃과 비슷하다. 한껏 축소한 듯한 미니어처 박꽃 여러 개가 다닥다닥 모여 핀 모습인데 뭔가 좀 신령스러운 데가 있다. 박꽃처럼 흰색이 바탕을 이루기는 하나 핑크색 잉크 한 방울이 실수로 떨어진 듯한 옅은 분홍빛이 있다. 꽃부리 가장자리는 일부러 마감 바느질을 하지 않고 풀어놓은 식으로 연출한 레이스 같다. 줄기 마디에서 꽃줄기가 나와 여러 송이가 뭉쳐서 핀다. 그 꽃뭉치에 가까이 가면 은은한 향기가 난다.

그러기에는 꽃 피는 시절 참 금방 지나간다. 하지만 오래 기억된다. 박주가리 꽃이 얼마나 예쁘게 피었던가를 떠올린다. 한여름 박주가리 꽃이 필 때가 되면 여름방학이 찾아오곤 했다. 박주가리는 상처가 나면 줄기며 잎이며 가리지 않고 몸 전체에서 흰 우유 같은 액체를 배출한다. 그 특징 덕분에 나는 박주가리를 일찍부터 알아봤다. 그걸 하얀색 매니큐어라며 손톱에 칠하고 놀았다. 봄에 노란 꽃 피는 애기똥풀은 꺾으면 노란 즙이 나온다. 노란 매니큐어는 애기똥풀, 하얀 매니큐어는 박주가리. 할머니한테 배운 식물놀이인데 요즘에는 내가 조카한테 알려준다.

박주가리와 유사한 혈통의 식물을 한데 묶어 영어권 국가에서는 밀크위드Milkweed라고 부른다. 식물이 특정 목적으로 체내에서 만들어 몸 밖으로 내보내는 액체는 '유액'이라 한다. 유액이 나온다는 건 독이 있다는 신호다. 상처를 입으면 나오는 흰색 유액은 박주가리가 천적으로부터 자신을 보호하는 방법이다.

박주가리는 덩굴식물이다. 대체로 덩굴식물은 다른 식물체를 감기 위한 특별한 수단이 있기 마련이다. 돌콩이나 새콩처럼 덩굴손을 내거나, 환삼덩굴처럼 갈고리 같은 가시를 내서 어디든 엉겨들거나, 담쟁이덩굴처럼 흡착판을 써서 딱 달라붙는다. 다래덩굴처럼 힘이 워낙 세서 올라탄 식물을 완전히 제압하는 방식도 있다. 그렇게 덩굴식물은 식물 세계에서 생존하려 지난한 과정을 거친다.

박주가리가 요란한 장치나 유별난 행위 없이 살아남을 수 있는 이유는 가만히 몸 안에서 새하얀 독을 만들기

여름에 피는 박주가리꽃. 멀리서 보면 자잘한 박꽃 여러 개가 다닥다닥 모여 핀 것 같다. 내가 사는 봉화군 춘양면 서벽리 마을 길에서 자주 만난다.

때문이다. 식물의 독은 인간이 어떻게 정제하느냐에 따라 약이 될 때도 있다. 한방에서는 박주가리 혈봉의 식물을 약으로 널리 쓴다. 그중 하나가 백수오로 널리 알려진 '큰조롱'이라는 식물이다.

자잘한 꽃 크기에 비해 박주가리의 열매는 큰 편이다. 내 주먹 정도 될까. 양 끝이 뾰족해서 전체적으로 길쭉한 박 모양이다. 표면은 오돌토돌하고 여주를 닮은 것도 같다. 푸르스름하게 설익은 열매는 먹기도 한다. 과육이 물기를 머금어 아삭하며 들큼한 맛도 난다. 박주가리는 포식자를 유혹하겠다는 의도가 없는 것일까. 포식자가 더 먹고 싶다는 욕심이 안 나도록 맛을 조절한 것일까. 그럼에도 나는 그 밍밍한 맛을 해마다 한 번은 느끼고 싶어서 박주가리 열매가 맺히기 무섭게 껍질을 벗겨 먹어본다. 조금이라도 더 익으면 씨앗에 물기가 빠져 텁텁해진다. 열매가 익을수록 과육의 물기는 빠지고 그 자리에 털이 빼곡하게 차기 때문이다.

다 익은 열매는 일부러 쪼개지 않아도 알아서 두 쪽으로 나뉜다. 마치 돛단배 두 척이 마주 보는 모양으로. 갈라진 양쪽에 털 달린 종자가 여남은 개씩 차곡차곡 들어 있다. 우리 선조는 바람이 몽땅 앗아가기 전에 그 털을 모아 면사 대신 썼다는 이야기를 민속식물학을 전공한 선배에게 들었다. 겨울 보온재로 솜 대신 사용하거나 도장밥과 바늘 쌈지를 만드는 데도 활용했다고 한다. 박주가리는 전국 어디서나 자란다. 밭두렁에 드넓게 퍼지기도 하고 큰 나무, 작은 나무 구분 없이 감고 오르기도 한다. 전봇대와 울타리를 타고 오르는 기술은 특히 대단하다.

겨울 무렵 전국 어디서나 유유히 떠다니는 박주가리 씨앗을 보면 내가 지금 박주가리 주변을 지나가고 있음을 안다. 애써 찾아 확인하지 않아도 알 수 있는 것은 어디에나 있다. 지금의 작은 씨앗 하나를 내보내기까지 박주가리는 부단히 애썼을 것이다. 열매가 두 쪽으로 벌어지고도 씨앗이 단단히 여물기를 신중하게 기다렸으리라. 씨앗이 깃에만 의지하지 않도록 최대한 가벼워질 수 있게끔 혹독하게 단련했으리라. 그러고서야 깃을 정비하고, 겨울바람을 기다리고, 무엇보다 그 바람을 온전히 믿었을 것이다.

그렇게 박주가리 모체에서 씨앗은 분리된다. 그것이 어떤 이별임을 이미 안다는 듯이 떠나간 씨앗은 결코 돌아보는 법이 없다. 박주가리 씨앗의 이동을 '출가'라고 불러보면 어떨까. 진정한 출가란 특정 수행자에게 한정되는 게 아니며 모든 집착과 얽힘에서 벗어나는 일이야말로 진정한 출가라던 법정 스님의 법문처럼, 박주가리 씨앗은 깡마른 채 가느나랗고 길고 촘촘한 깃을 펼치

박주가리 열매(좌)와 씨앗이 다 떠나간 박주가리(우). 겨울이 오면 박주가리는 제 열매를 쪽 하고 열어 그 안에 든 씨앗을 떠나보낸다. 전보다 더 추워지고 건조해질수록 모체에서 떨어져 나오는 씨앗이 많아진다.

며 말한다. 진정한 자유는 내적 절제에 있다고. 그걸 품기 위해서는 거듭된 자기 점검이 필요하다고. 그리고 해낸다. 정말 먼 곳으로 가서 더 넓은 땅에 자리 잡는 그 거룩한 일을.

씨앗이 다 떠나간 열매는 껍질만 남은 채 덩그러니 덩굴에 매달려 있다. 내 눈에는 그게 꼭 포유류의 텅 빈 자궁 같다. 실제 그렇기도 하다. 동물의 난자와 같은 기능을 식물에서는 밑씨가 하고 그 밑씨를 보호하는 씨방이 자궁과 같으니까. 내가 떠나온 고향 마을에서 혼자 사는 엄마 생각이 나서 부쩍 쓸쓸해진다. 씨앗을 품고 키우고 깃을 달아 세상에 훨훨 내보내는 일. 그건 작별인 동시에 또 다른 만남을 희망하는 일이리라. 박주가리는 한 장소에 뿌리를 깊이 내리고 오래 산다. 그냥 버티는 게 아니라 계속 자라서 더 큰 무리를 만든다. 씨앗을 멀리 떠나보낸 모체는 봄이 오면 다시 싹을 틔울 것이다. 그 뿌리는 더욱 굵어질 것이다.

짝사랑도 병인 양하여

일종의 직업병이 아닌가 싶다. 내가 혼잣말로 식물의 이름을 정확하게 고쳐 부르는 건.

식당에서 같은 테이블에 둘러앉은 일행 중 한 명이 고들빼기무침이 정말 맛있다며 권할 때, '고들빼기보다 벌씀바귀랑 벋음씀바귀가 더 많네' 하고 한 점 집으며 나 혼자 가만히 속으로 말한다. 그 세 식물은 아주 비슷하게 생겼고 같은 장소에서 어울려 살며 똑같이 뿌리가 길고 쓴맛이 나기 때문에 사람들은 크게 구분하지 않고 함께 나물로 쓴다. 다 같은 고들빼기가 아닌데 제대로 된 자기 이름으로 불리지 못한 채 밥상에 오르는 그들이 너무 딱하다는 생각을 그래서 나는 하는 것이고, 독백처럼 그 이름들을 나지막하게 호명하고 나서야 먹는 일에 집중할 수가 있는 것이다.

달래 넣은 된장국 맛이 기가 막히다는 누군가의 말

을 듣고는 하마터면 '달래 아니고 산달래' 하고 속엣말을 꺼낼 뻔한 적도 있다. 한반도에는 달래와 산달래 두 종류가 사는데 뿌리가 더 크고 향이 강해서 예로부터 약용과 식용으로 쓰는 건 산달래다. 편의상 그 둘을 구분하지 않고 우리 문화권에서는 달래라고 합쳐서 부른다. 엄연히 서로 다른 두 종이 각자의 이름으로 불리지 못하니, 내가 대신 나서서 말이라도 해볼까 하다가 이내 그만둔다. 이 상황에 그런 걸 꼬치꼬치 따지고 든다? 내가 생각해도 좀 재수 없고 많이 이상할 것 같으니까. 어떤 때는 이런 식의 혼잣말도 한다. 고사리볶음이 맛있다는 누군가의 말에 '고사리처럼 보이지만 그건 고사리가 아니고 고비예요. 고사리보다 크기가 크고 줄기가 실해서 육질이 더 잘 느껴지죠. 가만 보자, 청나래고사리도 섞여 있네요'라고 혼잣말하고, 나물 중에 취나물을 제일 좋아한다는 누군가의 말에는 '다 같은 취나물이 아닙니다. 참취와 분취와 서덜취가 섞여 있어요'라고 혼자 답한다. 이쯤 되면 혼자 속으로 말하는 병이 참 깊게도 들었구나 싶다. 그럼에도 그칠 줄 모른다.

목련이 꽃을 활짝 피웠다며 봄꽃 개화 소식을 앞다투어 전하는 뉴스를 보면서 '저건 백목련이지' 하고 혼자서 중얼거린다. 우리 주변에서 쉽게 볼 수 있는 건 중국이 원산지인 백목련이다. 목련은 제주도 숲속에만 아주 드물게 사는 희귀식물이다. 유채밭이라고 알고 들어가 사진을 찍는 상춘객 무리를 건너다보면서도 '어머, 배추밭에서 사진 찍으시네. 아이고, 저쪽은 갓밭에서 찍으시네' 하는 식으로 혼자서 하는 말은 이어진다. 실제로 유채와 배추와 갓은 같은 혈통이라 꽃이 거의 비슷하게 생겼고 군락으로 피어 있으면 분간이 잘 안 된다. 사진을 찍지 않고는 배길 수 없을 정도로 예쁜 것도 하나같다.

한번은 내가 그 아름다운 풍경을 찍으려고 카메라를 꺼내는 동안 어떤 환청이 귀에 들리는 것만 같은 경험을 한 적도 있다. 사람들은 우리들 이름도 모른 채 왜 자꾸 사진을 찍어대느냐고. 크게 서운하다고. 그래서 나는 유채밭인 줄 알고 배추밭과 갓밭에 들어가 사진을 찍는 이들을 붙잡고 말을 걸려다가 '어휴, 이게 다 뭐람. 보통 사람처럼 그냥 유채꽃이라고 하고 지나가자' 하고 고개를 절레절레 흔들며 애써 그 장면을 외면했다.

내 직업병의 또 다른 증상 하나는 일상에서 내 앞에 존재하는 식물의 배경을 생각하는 데 너무 오랜 시간을 쓴다는 거다. 한 잔의 커피를 앞에 두고는 이런 식이다. 에티오피아 원산이고 예가체프 계열 품종인 이 꼭두서니과의 '커피'라는 식물이 아프리카에서 나무로 자라 하얀 꽃을 피우고 빨간 열매를 맺었을 때의 모습을 떠올린다. 과육을 제거하는 공정과 과육이 벗겨진 채 생두의 몸으로 한국에 입국해서 누군가의 손에 타닥타닥 볶인 후 곱게 갈려 커피로 추출되기까지의 여정을 생각하는 것이다. 그러고 나면 시간이 꽤 지나 있다.

아침으로 먹겠다고 식탁 위에 아몬드 한 줌을 올려놓고는 턱을 괴고 앉아 아예 긴 대화를 시도한다. '서아시아 일대가 원산지? 아마 사람들은 기원전부터 너를 재배했다고 하지? 지중해 인접 국가에서 시작해서 북아프리카에도 재배법이 전해졌고 현재 최대 주산지는 미국의 캘리포니아. 살구나무랑 혈통이 가까운 장미과 식물이잖아, 그치? 그러고 보니 정말 살구나무랑 꽃이 닮았어. 고흐도 이 모습에 반해서 한껏 핀 너의 모습을 그렸겠지? 열매도 진짜 살구나무랑 비슷해. 열매 하나를 따서 과육을 벗기면 나무껍질처럼 딱딱한 안쪽 껍질이 나오는데 이건 진짜 씨앗 아닌 거 나는 알지. 씨앗을 보호하기 위한 갑옷 같은 것, 즉 내과피잖아. 그걸 쪼개면 진짜 씨앗이 나오는 거고. 우리가 먹는 한 알의 아몬드가 바로 그 부위지. 이 먼 타국까지 와서 맛있는 씨앗을 제공해줘서 고마워, 아몬드나무야.'

가만 생각해보면 이건 직업병보다는 깊은 짝사랑에

아몬드나무는 서아시아 원산의 장미과 식물로 혈통이 가까운 살구나무나 복사나무와 닮았다. 다 익은 열매가 벌어지면 살구씨 형태의 내과피가 드러난다. 그걸 깨면 나오는 씨앗이 우리가 즐겨 먹는 아몬드다. (세계생물다양성정보기구 제공)

서 비롯된 상사병이 아닌가 싶다. 그들 편에 서고 싶고 그들을 대변하고 싶어 환청을 듣게 되고, 아름답다고, 좋아한다고, 그저 존재만으로도 고맙다고 말을 걸게 되는 그런 증상. 증세가 드러나는 시간을 통과하면서 나의 감정은 들쑥날쑥 기쁘기도 슬프기도 설레기도 아쉽기도 하고 때로는 황홀해지기도 한다. 딱 잘라서 판단하기는 어렵지만 그런 징후가 사랑이라는 계통에서 비롯되었으리라 짐작해본다. 마치 서로 너무 비슷해서 이 종인지 저

종인지 분간이 안 되어 그 이름을 정확하게 부르기 어려울 때 하는 추정처럼.

식물이 있는 곳이면 어디서든 나는 계속해서 식물 탐색을 이어나갈 것이다. 직업병인지 상사병인지 모를 그 무언가를 안고서 종횡무진 산을 누비며 탐구도 하고 샛길로 새서 딴짓도 하면서. 그러는 동안에 식물에 대한 나의 짝사랑은 더욱 깊어갈 것이다.